Índice

Prefácio de um velho amigo

"A maneira de ajudar os outros é provar-lhes que eles são capazes de pensar" - Dom Hélder Câmara, bispo e arcebispo emérito brasileiro, 4 indicações ao Prémio Nobel da Paz

Pensar é a nossa melhor qualidade, mas também se pode revelar o nosso pior defeito. Pensar tem tanto de bom como de destrutivo. Pensar pode salvar-te ou matar-te. Talvez por isto tão poucos o façam. Deste modo, é baseado nestas premissas que o André Jorge, meu grande amigo de longa data e alguém que sempre foi um pensador, se debruçou sobre o tema e o explorou de forma exaustiva, simples e eficaz, demonstrando que está ao alcance de qualquer um ser melhor pessoa e mais feliz se apenas usar de forma adequada a melhor ferramenta que tem, o cérebro.

No livro entramos numa viagem rumo ao desconforto onde descobrimos que temos muito mais potencial e capacidade do que aquela que alguma vez pensámos ter, só não os usamos da forma mais adequada. E é isto que vais poder encontrar neste livro, como deves pensar para te otimizar de olhos postos no futuro, numa perspetiva realista do autor e com uma escrita muito própria.

Samuel Faria, Eng° e Gestor Industrial

12 de agosto de 2021

1

Começa aqui: as perguntas iniciais

Todos os segundos usados na leitura serão inúteis se não afetarem as tuas ações;

Lê as perguntas iniciais antes de leres o resto do livro. Dá-te contexto e alguns conceitos que serão usados posteriormente;

Depois de lidas estas perguntas, o livro deixa de ter ordem. É um manual prático; consome apenas a informação que precisas.

O livro está dividido em quatro secções principais, todas com foco nas consequências a longo prazo: primeiro as perguntas iniciais (secção atual), seguido das ferramentas que te ajudam a pensar a longo prazo, e em terceiro o pensamento a longo prazo por área: dinheiro, relações, trabalho e saúde. Por fim, o livro fecha com uma pergunta existencial que tende a ser ridicularizada e evitada: qual o sentido da vida?

Há certos tópicos que o livro aborda apenas de forma superficial; alguns exemplos são a inflação, gestão da relação depois do casamento, construção de uma carreira no trabalho e a autodescoberta. Isto acontece quando o tópico abordado de forma superficial é suficiente para expor as consequências a longo prazo; ficas com informação suficiente para decidires se vale a pena investir mais tempo nele ou não. Saber as consequências a longo prazo serve como ponto inicial para aprofundar a pesquisa e o pensamento: é o início da ação. O livro faz faíscas, tu escolhes o que vai ser fogo.

Após a leitura das perguntas iniciais o livro pode ser lido por qualquer ordem, como um *manual prático*. A tendência é leres sobre as áreas que gostas, *mas é nas áreas que não gostas que estás mais suscetível a problemas!* O maior benefício está nas secções que não te atraem. Se nunca pensaste de todo a longo prazo, tens o maior benefício em ler o livro todo. Quando tiveres informação suficiente para pensar e agir, pensa e age. É muito mais importante do que a satisfação de acabares um livro; ou este livro é só mais um entretém para não pensares em ti? Se for, podes parar já!

O livro refere-se a duas versões temporais do leitor: presente eu e futuro eu. As expressões são literais: o presente eu és tu como um todo hoje (como pensas e ages); o futuro eu é a forma como pensas e ages num momento futuro. Sugiro que imagines esse momento futuro como sendo o último dia da tua vida, com cem anos por exemplo. Por fim, alguns exemplos estão escritos no género masculino e outros no género feminino, para que todos encontrem exemplos com que se identifiquem.

Qual o objetivo deste livro?

O objetivo é minimizar os teus problemas a longo
prazo: arrependimentos, frustrações e desperdícios.

Isto resulta em realização presente e futura;

O livro é para jovens adultos: agem de forma
independente e têm muitas décadas de vida pela frente;

O livro não vai ajudar a descobrires os teus objetivos de
vida ou quem tu és; esse trabalho é 100% teu.

Pensar a longo prazo é usares o teu cérebro para imaginar
um futuro distante, agindo com base nisso. Distante é um
termo subjetivo; poderá ser desde dez anos até às próximas
gerações. A premissa do livro é que nós não pensamos o
suficiente enquanto novos, e depois sofremos quando
velhos. A conclusão é que *uma pequena dose de pensamento é
demasiado benéfica a curto e longo prazo para ignorar.* Por gostar
de pensar acumulei uma quantidade de pensamentos
desproporcional à minha idade, e este livro transmite-te o
melhor desses pensamentos, de uma forma prática para

8

criar efeitos reais. O melhor resultado do pensamento a longo prazo é a confiança de que o meu futuro eu não vai ficar desapontado, vivendo uma vida que só encaixa na minha personalidade e na maioria dos dias me satisfaz. Primeiro o trabalho de pensar, depois a ação, e pelo caminho os frutos.

O foco do livro são jovens adultos; um jovem adulto é capaz de tomar as suas próprias decisões, e tem em média cinquenta a sessenta anos para beneficiar desta forma de pensar. O principal objetivo do livro é *minimizar arrependimentos e frustrações*, principalmente os que quando aparecem já são irreversíveis. Em segundo lugar, tem o objetivo de *minimizar desperdícios* na tua vida; só vives uma vez com esta consciência, quanto menos tempo desperdiçares melhor. O livro ajuda-te a pensar no que pode acontecer a longo prazo caso ajas ou não ajas de certas formas; está repleto de exemplos para promover ação. Se não agires, o livro será completamente inútil.

O livro *não vai ajudar a descobrires os teus objetivos de vida ou quem tu és*. O meu trabalho é apontar para problemas que vais encontrar a longo prazo se não pensares neles hoje, e dizer-te de que forma te vão afetar para que os possas evitar. O trabalho de pensares em quem és e o que queres fazer com o teu tempo é totalmente teu! Há livros para te ajudar nesse processo; podes consultá-los na lista de livros sugeridos. O livro não é para ti se acreditas que o futuro está fora do teu controlo. Se o destino já está decidido, para quê pensar nele? Em segundo lugar, não é para quem tem estigmas com livros de desenvolvimento pessoal ou autoajuda. *Este livro é de autoajuda:* 'auto' porque és tu que tens de agir; 'ajuda' porque te ajuda a identificar potenciais problemas a longo prazo.

Porque é que não pensamos a longo prazo?

Porque é difícil e não somos incentivados a fazê-lo;

As razões pelas quais não pensamos a longo prazo são a inércia, desconforto, feedback lento das nossas ações e falta de garantias.

Devemos pensar a longo prazo porque a alternativa é pior, com prazer nas primeiras décadas e muito mais dor nas seguintes;

Se pensar a longo prazo tem benefícios tão grandes, porque é que não o fazemos? Em poucas palavras, *porque é difícil e não somos incentivados a fazê-lo.* Há muito que a escola não nos ensina: cozinhar, preencher o IRS e gerir as finanças pessoais são exemplos conhecidos; pensar a longo prazo é mais um tópico a acrescentar à lista. Não sendo a escola a assumir esta responsabilidade, resta a família e outras pessoas que encontremos nas primeiras décadas de vida. E, mesmo que alguma destas fontes te ensine a pensar a longo prazo, continua a ser uma tarefa inicialmente difícil.

Continuamos a empurrar os problemas até nos baterem na cara com força: sei que deveria deixar este trabalho mas não vou pensar nisso hoje, vou antes ver este vídeo ou falar com aquela pessoa. Como aprendeste em física e química, o atrito estático é maior do que o cinético: é mais difícil iniciar o movimento do que mantê-lo. Quando pensamos pelas primeiras vezes há muito trabalho mental acumulado, gerando inércia mental. A maneira mais fácil de ultrapassar esta barreira é perceber que *a alternativa é pior:* agir sem pensar desrespeita a maneira como o teu futuro eu pensa, fazendo-o infeliz. Esta é a primeira barreira ao pensamento a longo prazo: não considerar que pensar é uma alternativa melhor a não pensar.

11

Pensar tem vários atritos associados, e o maior de todos é que *é desconfortável*. Estás a deixar de fazer algo que gostas para fazer algo que dói mentalmente. Pensar é admitir que o caminho atual está errado, implicando confronto; é fácil de ignorar porque tem o benefício imediato do conforto. Além disso, o *feedback das nossas ações é muitas vezes lento*. Quando fumas todos os dias os efeitos são neutros ou até benéficos, e demora décadas até ser tão grave que resulta em doenças irreversíveis. "Nessa altura já não interessa", poderás dizer; não veres os teus netos crescer ou os teus filhos adultos pode doer menos do que fumar. E mesmo que doa mais, poderás descartar esta consequência dizendo que pode acontecer mesmo sem fumar; infelizmente para ti não podes descartar os 12% que morrem em Portugal por causa do tabaco (SNS, 2019). Junta aos 12% todas as maldades que fazes ao teu corpo, e facilmente o pesadelo se torna realidade. Nenhuma delas te dói hoje porque tem feedback lento, sendo fácil ignorar. Agravante é a falta de feedback das pessoas mais velhas, porque existem poucos incentivos para o fazer: é difícil admitir a nós mesmos que não fizemos as melhores decisões no passado, mesmo que seja benéfico para os outros.

Em último lugar, pensar a longo prazo é um ambiente de incertezas: estamos a tentar prever o futuro para agir hoje. A consequência é que *não há garantias*. Pensar e agir hoje não garante a satisfação do teu futuro eu por duas razões: a primeira é que nós mudamos com o tempo. Podes inconscientemente dar prioridade a uma relação em detrimento de tudo o resto, e mais tarde achares que foi um erro não teres seguido um caminho mais arriscado. Pensar é como um *seguro contra o arrependimento*: dá-te a segurança de que te esforçaste para tomar a melhor decisão possível.

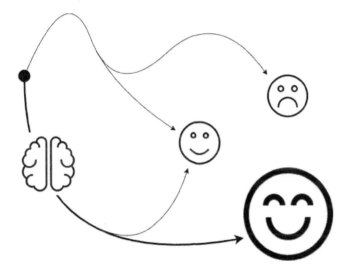

Pensar a longo prazo melhora as chances de acabares feliz.

A segunda razão para não haver garantias é que podes saber hoje o que te vai fazer feliz no futuro, mas não o conseguires realizar. Sabes que o teu futuro eu iria ficar orgulhoso se tu tivesses dois filhos biológicos, mas podes ser infértil. Contrasta este ambiente de incertezas com a *gratificação instantânea*, onde tudo é garantido: liga a televisão ou abre o instagram e garantidamente verás algo novo, tudo à distância de um clique. Compra o telemóvel topo de gama e sê feliz hoje; quando sair o próximo podes ser feliz de novo. Os exemplos são inúmeros: investir para ter dinheiro rápido, comer algo que sabe bem no momento e mal cinco minutos depois, ou ainda fazer a inscrição no ginásio, que sabe bem no dia e mal uns meses depois (quando desistimos de ir).

Os benefícios de pensar são ainda maiores do que evitar arrependimentos e frustrações: imagina que a tua vida é um caminho, onde cada decisão pode ser um passo em qualquer direção; andar em frente é uma analogia para algo que o teu futuro eu também vai gostar. Pensar a longo prazo põe-te em melhor posição para caminhar em frente, porque não pensar é como caminhar vendado: contas com que as tuas ações hoje façam sentido para ti no futuro, e se não acontecer só resta a frustração. Além da perspetiva egoísta, todos os teus esforços para pensar a longo prazo podem ser passados às próximas gerações: é o caminho para reverter a tendência de não pensarmos a longo prazo.

Desvantagens de pensar

Pensar demasiado é a maior desvantagem de pensar, mas pode ser detetado;

Pensar implica abstração do presente, mas o custo compensa a longo prazo.

Há um limite para os benefícios de pensar a longo prazo. *Pensar em excesso é a maior razão para não pensar.* Para o evitar há que identificar quando é que pensar se torna entretenimento. Estás a pensar demasiado se:

1.   Mais pensamento não vai levar a uma melhor decisão. Já usaste toda a informação que tens, por isso está na hora de agir (ver a ferramenta agir por definição);

2.   O assunto está fora do teu controlo. Se não podes controlar, para quê perder tempo?

3.   Não tencionas agir. Pensar é inútil sem uma ação de seguida.

Excluindo os pontos anteriores, *pensar implica abstração do presente*. Contudo, tem um custo irrisório comparado à alternativa: *não pensar custa bem mais tempo*. Trinta minutos de exercício por semana durante sessenta anos custa meio ano de vida. Este investimento compra movimento (ver secção: movimento gera movimento) e todo o tempo que o sedentarismo rouba ao teu carpe diem: dores de corpo, idas ao centro de saúde, depressões e anos de vida.

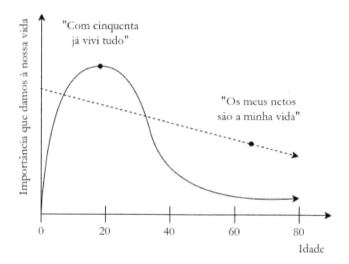

A tendência para desvalorizar as últimas décadas de vida: expectativa (contínuo) vs. realidade (tracejado).

Há quem justifique o seu estilo de vida dizendo: "amanhã posso já não estar vivo, por isso de que serve perder tempo com o futuro?", ou "com cinquenta anos já vivi tudo, para quê planear os sessenta?". A estatística diz que a esperança média de vida é superior a 80 anos para os Portugueses (SNS, 2019); vais dizer o mesmo com trinta, quarenta, cinquenta, sessenta e setenta? Qualquer maneira de viver é legítima, desde que não mintas a ti próprio. Uma pessoa que só quer viver o momento mas que na verdade tem desejos para o futuro, *precisa desesperadamente de pensar a longo prazo*. Os desejos não se realizam sozinhos.

Como começar a pensar a longo prazo?

Pensa naquilo que o teu futuro eu quer que faças hoje;

Depois de pensares a longo prazo, age imediatamente, analisa e repete periodicamente;

O efeito mínimo é a resolução de um problema a longo prazo, mas pode ser um estilo de vida.

A raiz das tomadas de decisão a longo prazo é aquilo que o

teu futuro eu quer ou não quer, exigindo pensamento a longo prazo. Será usado o termo *considerações* para representar estes pensamentos. As considerações têm por base a tua visão do mundo, que muda quando reúnes mais informação. Seguem duas conclusões: pensar é tomar a melhor decisão com a informação que tens hoje, e *não é algo que se faz uma vez e se esquece*. O meu futuro eu quer que eu aproveite todas as oportunidades, mas amanhã poderá pensar de uma forma diferente. Uma consideração menos abstrata seria dizer: o meu futuro eu não quer ter dores de costas daqui a vinte anos. É o teu trabalho encontrares estas considerações; o único requisito é que penses a longo prazo nelas. Deixo-te como exemplo a forma que melhor funcionou comigo: imaginar o que vais estar a pensar (futuro eu) no teu último dia de vida. Há livros que te ajudam no processo, como por exemplo "Os Sete Hábitos das Pessoas Altamente Eficazes" de Stephen Covey. O valor deste tipo de livros está nas perguntas que levanta e nos esquemas que disponibiliza, mas não vai imaginar o teu futuro por ti.

Área de atividade	Carácter	Contribuições	Objetivos realizados
Família			
Amigos			

Trabalho			
Igreja/Serviço Comunitário etc.			

Como gostarias de ser lembrado nas diferentes áreas?
Auxílio para descobrires as tuas considerações (Covey,

2012, #)

Podes imaginar um futuro mais próximo, mas não demasiado próximo; pensar a três anos impede-te de ver os problemas que vão ocorrer daqui a vinte. Este livro aponta para alguns problemas a longo prazo; estes podem vir a transformar-se em considerações, se forem importantes para ti. Vejamos alguns exemplos de considerações e implicações a longo prazo, que aprofundaremos ao longo do livro: o meu futuro eu não quer que eu durma demasiado, portanto devo evitá-lo. Assumindo que o momento ideal para acordares é quando o teu despertador toca, se todos os dias dormires mais dez minutos são 3000 horas perdidas ao longo de cinquenta anos. Quando tiveres setenta anos, vais desejar ter usado essas 3000 horas para qualquer coisa melhor que ficares a dormir. Um segundo exemplo: o teu futuro eu quer ter uma casa; a solução mais comum é fazer um crédito. Ter um crédito tem um custo indireto a longo prazo se estiveres restringida financeiramente: torna-te mais dependente da tua fonte de rendimento. Se tiveres o azar de deixar de gostar do teu trabalho, boa sorte com a frustração.

Depois de teres as considerações, há que agir. Pode ser colocares o despertador longe da cama para garantir que acordas; no caso do crédito habitação, ter um pé-de-meia poderá ser suficiente para reduzir a dependência do empregador. *E não é agir amanhã, é agir já* para tirares vantagem do teu estado emocional de excitação, pois quando acordares amanhã essa excitação já desapareceu. Agir por definição (ver ferramenta) tem outras vantagens únicas, sendo a maior de todas feedback sobre ti que não obténs de outra forma. Por isso, se pensaste em criar aquela página para ajudar os animais, faz agora!

Há também muito para dizer sobre planos que começam mas nunca acabam porque *não são sustentáveis a longo prazo*: queres perder vinte quilos em dez meses, e começas a executar um plano radical para o efeito. Podes até ter sucesso, mas os teus maus hábitos trazem-te de volta à estaca zero. Em vez do teu plano radical, fazer dez minutos de exercício três vezes por semana para sempre tem muito maior potencial de mudança permanente (ver a ferramenta: consigo fazer isto para sempre?). Geralmente precisamos de experimentar de várias formas para o conseguir, faz parte da aprendizagem sobre nós mesmos.

Resumindo: pensa, age, analisa e repete. *Este é o mindset de um pensador a longo prazo*: todas as suas ações são conscientes e focadas porque a raiz são considerações a longo prazo. Ele pensa e executa, parando de seguida para pensar e aprender com o processo. Além disso, tira vantagem da quantidade de ações que se acumulam ao fazer uma ação para sempre. Ele percebe que a maioria dos eventos não têm efeitos a longo prazo, desvalorizando esses acontecimentos; por exemplo, a notícia de última hora nunca é tão grave ou importante. De notar que *pensar a longo prazo não tem de ser um estilo de vida!* Pode ser simplesmente resolver um problema a longo prazo.

2

Ferramentas para aplicar pensamento a longo prazo

As ferramentas abaixo servem para te ajudar a pensar a longo prazo. As primeiras três ferramentas servem para *analisar uma ação*. As últimas duas *servem o seu próprio propósito*; agir por definição balanceia pensamento e ação; escrever em pedra cria acelera e intensifica o feedback das tuas ações. Pensa e age quando tiveres informação suficiente, o objetivo não é leres o livro até ao fim.

Banco emocional

Serve para avaliar ações e relações a longo prazo;

Os débitos e créditos das contas geram feedback, incentivando ou desincentivando certas ações.

O conceito de banco emocional não é novo; Stephen Covey menciona-o no seu livro "Os Sete Hábitos das Pessoas Altamente Eficazes". É uma excelente ferramenta que pode ser adaptada para julgar o efeito de uma ação a longo prazo. Numa primeira fase resulta em *clareza quanto aos efeitos das tuas ações*; de seguida resulta em ações qualitativamente melhores, pois estão alinhadas com o teu futuro e são mais positivas para todos os envolvidos.

A ideia é simples: criar uma conta emocional que vais associar a ti ou a outra pessoa. O saldo inicial pode não ser zero; se sentes que estás em falta com a tua amiga, começas com um saldo negativo. Ações boas aumentam o saldo da conta (crédito); ações más retiram dinheiro do banco (débito). Quanto mais importante for a situação, mais tiras ou metes na conta.

Aplicando a um nível pessoal, podes considerar que quando fazes algo contra os teus objetivos estás a tirar da tua conta. Se queres acordar a horas e falhas, tiras a quantidade correspondente; se combinaste fumar cinco cigarros hoje mas fumaste o sexto, debita da conta. Com esta conta mental estás a dar feedback a ti própria, incentivando o bom e desincentivando o mau. Há pessoas que sentem uma grande culpa depois de comerem algo que não queriam ter comido, enquanto que outras ficam indiferentes. A primeira debitou do seu banco emocional, a segunda pode até nem ter conta aberta.

Podes também aplicar o conceito a um nível relacional. Se pensares um pouco na tua relação com o teu amigo, consegues dizer se o saldo está positivo ou negativo. Tal como tu tens uma conta com ele, ele tem uma conta contigo. Esta dualidade ajuda a explicar porque é que quando ajudas os outros tendes a receber de volta: quando o teu saldo está positivo, a tua contraparte tende a ficar com saldo negativo. Incentiva assim um balanço por parte da outra pessoa, com base na premissa de que as pessoas não gostam de ficar a dever. É importante referir que *os balanços podem não coincidir!* Há ações que tu consideras positivas mas que a contraparte considera negativa: se a ajudas a abrir um frasco mas ela queria tê-lo feito sozinha, estás na verdade a tirar da conta.

Vou ajudá-la a abrir o frasco,
ela vai gostar que a ajude!

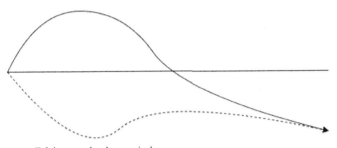

Odeio quando ele me ajuda
a abrir o frasco! Acha que sou fraca?!

Banco emocional de um casal: mesma ação, dois pontos de vista.

Nem sempre é óbvio o efeito de uma ação na conta, porque o feedback pode nem chegar: imagina que pedes ajuda a um amigo para mover um móvel; ele diz que te ajuda e umas horas depois tu dizes-lhe que já estás desenrascado. Ele pode ter cancelado alguns planos para te ajudar, e sem quereres podes ter tirado dinheiro da vossa conta emocional.

Qual o saldo desta conta? Tenho saldo para esta ação? É um débito ou um crédito? Ires ao café com a tua melhor amiga é um crédito ou débito às vossas contas? Talvez seja um crédito na tua conta com ela e um débito na conta dela contigo; tu precisavas de estar sozinha, mas ela precisa de ti para desabafar. Idealmente queremos agir de forma positiva para todas as contas envolvidas: fazer uma viagem que tu e a tua amiga querem muito, por exemplo. Nem sempre acontece, na verdade; um vendedor vai à procura de um débito na conta da contraparte (vender algo). Ele sabe que a primeira impressão tem um impacto desproporcional, pelo que creditar nesse momento é especialmente importante; até uma pessoa egoísta tem incentivos para ser altruísta. Com o banco emocional podemos então perguntar: *quais os efeitos desta ação a longo prazo?* Ao longo do livro vais encontrar bancos emocionais aplicados a ações específicas, como por exemplo fumar e fazer exercício.

Consigo fazer isto para sempre?

Serve para analisar o efeito de uma ação a longo prazo e criar esforços eficazes;

Uma ação feita para sempre ocorrerá muito mais vezes, gerando melhores resultados;

Para que uma ação seja perpetuada, deverá ser benéfica a curto e a longo prazo.

Esta ferramenta *deve estar presente em qualquer ação executada a longo prazo.* Permite em primeiro lugar analisar o efeito de uma ação a longo prazo: se fizer exercício todas as semanas para sempre, é suficiente para estar o mais saudável possível? Vou estar a operar com todo o meu potencial? De uma forma mais geral: se eu fizer isto para sempre, vou conseguir cumprir esta consideração? Em segundo lugar, serve para melhorar as hipóteses de fazeres algo durante muito tempo. Já sabemos que isto é uma enorme vantagem, porque qualquer atividade feita uma vez

por semana durante cinquenta anos será feita 2600 vezes!
Qualquer coisa que faças 2600 vezes com aprendizagem no
processo vai ter resultados salientes, simplesmente porque
as outras pessoas não estão dispostas a fazê-lo. Se queres
começar um blog e precisas de uma audiência, fazer um
post por semana durante dez anos resulta em mais de 500
posts. Ao ajustares pelo caminho, eventualmente atrais a
audiência.

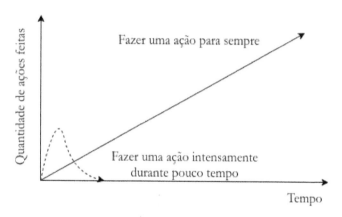

Uma ação feita a longo prazo será feita muito mais vezes,
comparado com uma ação feita intensamente a curto
prazo.

Responder à pergunta "consigo fazer isto para sempre?"
beneficia de auto reflexão; ajuda a encontrar as barreiras
pessoais que vais encontrar pelo caminho. Vamos supor

que tens a seguinte consideração: o teu futuro eu quer que tenhas a experiência de viver no Japão; para o teu objetivo específico, precisas de falar japonês. Fazes um plano que consegues cumprir para sempre: aprender japonês durante vinte minutos, todos os sábados. Alguns meses depois, falhas duas vezes o combinado; ao analisares o problema, reparas que ao sábado tens outras prioridades; se o soubesses de antemão, terias marcado o compromisso para quarta à primeira hora. Esta pequena mudança seria suficiente para nunca teres falhado. Não é grave: basta ajustar o horário e continuar. Gastaste algumas semanas para aprender que compromissos ao sábado é má ideia, mas o objetivo continua firme. A conclusão é que o *autoconhecimento aumenta a eficácia* de uma ação feita a longo prazo. Conheceres o teu comportamento é o primeiro passo do autoconhecimento; eventualmente perceberás também as tuas motivações: dinheiro, poder, copiar alguém ou ser aceite são alguns exemplos.

É vital que uma ação a longo prazo seja *satisfatória a curto prazo*, caso contrário não será sustentável. O exemplo mais flagrante é começar um negócio pelas razões erradas. Se abrires um negócio como esteticista porque gostas de praticar, não tens pressa para fazer dinheiro; já o fazias mesmo sem te pagarem. Se a razão for apenas dinheiro, vais acabar por desistir: imagina todos os dias fazeres algo contrariada, que ainda por cima só resulta fruto do teu esforço. Por isso, antes de te recrutares para fazer algo durante longos períodos, pensa: consigo fazer isto para sempre?

Isto é entretenimento?

Serve para categorizar uma ação. Pode ser útil ou entretenimento;

Permite dosear a quantidade de entretenimento diário, redirecionando milhares de horas a longo prazo;

Além das ações que são obviamente entretenimento, há ações que não parecem mas que são entretenimento.

Perguntar-me se algo é entretenimento é provavelmente a ferramenta que mais uso. Usando esta ferramenta deves esperar cortar parte do tempo que não contribui para o teu futuro. Comecemos por *definir entretenimento*: tudo o que não está alinhado com o teu futuro eu. O contrário de entretenimento é útil. A definição é subjetiva: se eu sou treinador de futebol, ver o jogo de hoje pode ser trabalho para mim e uma distração para ti. Há uma linha ténue entre pensamentos úteis e inúteis (entretenimento): supõe que pensaste sobre ti, concluindo que és minimalista. Seguem-se três caminhos possíveis:

1. Ações diretas, como vender alguns bens materiais;

2. Ações indiretas, como construir uma consideração futura. Por exemplo: o meu futuro eu não quer uma casa fixa, logo vou continuar a arrendar as habitações onde viver;

3. Nada (entretenimento).

Pensamentos que não geram ação, direta ou indiretamente, são entretenimento. Se queres criar o teu próprio negócio mas continuas a trabalhar para alguém, estás a entreter-te. Se estás a ler um livro quando ontem tinhas uma ideia para pôr em prática, pára. Sê verdadeiro contigo próprio, mesmo que mintas aos outros.

Há ações que são entretenimento para quase qualquer pessoa: ver um filme ou série, fazer scroll nas redes sociais, ver vídeos no Youtube ou podcasts no Spotify. Uma pergunta que te deves fazer é: *quantas horas disto por dia é que o meu futuro eu me permite?* Ele não iria gostar que eu tivesse passado cinco horas por dia a fazer ações inúteis, e portanto quatro horas é positivo a longo prazo. Porque pensaste nisto, vais sentir um débito da tua conta pessoal (ver banco emocional) quando estiveres a abusar do teu futuro eu; sabes que estás a trocar gratificação momentânea por frustração mais tarde. É um *mecanismo de feedback rápido* para desencorajar ações que não fazem sentido a longo prazo.

Agora a parte difícil: há ações que parecem úteis mas que são entretenimento. Se trabalhas exclusivamente para ganhar dinheiro, gastando em bens que servem para te entreter, então o teu trabalho é entretenimento. Se vês vídeos sobre investimento mas nunca vais investir, estás a entreter-te. No caso do trabalho *há ação mas não está alinhada com o futuro*, no caso dos vídeos o problema é *falta de ação*. A categoria de cada ação não é necessariamente permanente: uma ação pode passar de útil a entretenimento, e vice-versa. Para o detetar, *analisa o efeito da ação:* o primeiro podcast sobre viagens ajudou-te a sair do país; o último só alimenta a tua curiosidade. Por outras palavras, o primeiro podcast gerou ações úteis, o último não gerou ação.

Começa por analisar as ações que consomem mais tempo do teu dia; têm o maior efeito a longo prazo. Uma hora por dia são 18000 horas em cinquenta anos! São 24 meses da tua vida, incluindo todas as horas que dormes!

Pensa em tudo o que podes fazer com esse tempo se cortares numa das três séries que vês todos os dias. A dificuldade poderá estar em saber quais as ações que consomem mais tempo diário: um banho quente consome poucos minutos de cada vez; se o fizeres uma vez por dia não tem grande relevância. Ver as notificações do telemóvel ou o email também consome pouco tempo por ação, passando fora do nosso radar de tempo consumido; mas, se somarmos as centenas de vezes que o fazemos por dia, chegamos a valores que podem ultrapassar uma hora. E já sabemos o poder de uma hora diária durante muitos anos. Se queres descobrir o tempo que gastas por dia no telemóvel, instala uma aplicação para o medir; já, em vez de procrastinares.

Uma consequência de avaliares as tuas ações é perceberes que *tens tempo a mais em mãos*, tendendo a preenchê-lo com entretenimento. Eliminar entretenimento sem uma ação substituta *não é sustentável a longo prazo*, porque fazer nada é mais custoso mentalmente. No meu caso em particular, eu corto entretenimento para introduzir pensamento; este por sua vez vai gerar ações alinhadas com o meu futuro eu. Algum entretenimento é necessário; nós não somos robôs, gostamos de desfrutar. Vamos ser espertos e *desfrutar hoje e no futuro, em vez de tudo hoje*. O teu futuro eu agradece.

Agir por definição

Agir é insubstituível: gera informação sobre ti que não
pode ser obtida de outra forma;

Pensar é apontar a direção, agir é fazer o caminho;

Agir por definição cria o hábito de não procrastinar.

Esta ferramenta permite ajuda-te a balancear a ação e o
pensamento, para melhorares os teus resultados a longo
prazo. Pensar é recolher e analisar informação, agir é
caminhar em terrenos novos e desconhecidos, idealmente
em direção ao futuro eu. Porque é que é necessário um
balanço entre ambos? A resposta é simples: o balanço
entre ambos traz os melhores resultados. *Pensar sem agir tem*
um ponto de saturação: se passares três anos a decidir para que
licenciatura ir, mais vale fazeres a licenciatura. Agir sem
pensar é caminhar sem sentido: será tão provável
satisfazeres como não satisfazeres o teu futuro eu.

Pobre, o caralho! Experimenta ser rico

Há um balanço entre pensar e agir que leva ao resultado
ideal: realização do teu futuro eu.

Observando o diagrama acima, vemos que "recolher
informação externa" está do lado do pensamento. Porquê?
Apesar de recolher informação ser movimento, sem uma
ação subsequente não constrói nada; pensar ou recolher
informação é andar à volta de casa, agir é caminhar num
sítio novo. Falares com quem já fez o curso que estás a
analisar encaixa na recolha de informação, decidir se
queres fazer o curso é pensar, e fazeres o curso é ação. A
categoria "recolher informação" engloba toda a
informação recolhida de fontes externas; pensar é tudo isto
mais a análise da informação recolhida. Ler um livro de

autoajuda é recolher informação, imaginar o teu futuro eu é analisar informação e ir ao encontro dele é agir!

Agir também gera informação. O primeiro tipo é informação externa, *que também pode ser obtida com recolha de informação.* Alguém que quer conhecer os conteúdos de um curso superior tem várias opções: ir ao website, visitar os dias abertos[1], falar com quem já concluiu o curso, ou por fim fazer o curso. Todas as opções geram a mesma informação externa: a última opção consegue-o com ação, as restantes com recolha de informação. De notar que nem todas as fontes de informação são necessariamente fidedignas! Algumas das pessoas que vais conhecer nos dias abertos têm interesse em angariar alunos: quanto mais alunos conseguirem, mais anos vão ter emprego; o mesmo se aplica ao website. Do outro lado, temos as pessoas que já fizeram o curso: tendem a ser fontes neutras, sem interesses, e portanto mais fidedignas.

Continuando com o exemplo anterior, agir iria consumir muito mais recursos do que recolher informação externa: fazer o curso demora três anos e custa dinheiro, recolher informação demora dias e é grátis. Contudo, nem sempre isto acontece: para descobrires se és capaz de correr a meia maratona, a opção mais leve em recursos é

---

[1] Eventos em que as universidades e politécnicos abrem as portas a estudantes pré-universitários. Serve para divulgar os cursos existentes e atrair alunos para a instituição.

simplesmente tentar. A conclusão é: decidir entre agir e pensar depende da *quantidade de recursos que cada opção consome quando comparada com o objetivo!* Ir ao encontro do teu futuro eu é um dos objetivos mais intensos em recursos: o teu futuro eu está a décadas de distância, e tempo é o nosso recurso mais valioso; por esta razão, passares um ano da tua vida a recolher e analisar informação (pensar) é um custo relativamente pequeno, quando comparado com agir sem nunca pensar. Pensar é tão mais eficiente quanto maior o objetivo.

Chegámos à verdadeira importância de agir: *ação é a única forma de obter informação interna sobre novas experiências.* Se nunca viajaste, podes falar com outras pessoas sobre qual o melhor país para visitar, mas só viajando saberás. Com a experiência vem informação sobre ti, que pode ser usada nas próximas decisões; gera informação interna. Daí ser importante experimentar muitas atividades diferentes! *Descobrir tudo o que gostas e não gostas só com pensamento é impossível,* incluindo o propósito da tua vida: pensa no quanto a tua vida mudou em dez anos; achas que vais pensar da mesma maneira nos próximos cinquenta, com todas as experiências que vais ter até lá? A autodescoberta é um processo cíclico: agir para obter informação interna, pensar usando toda a informação, e por fim repetir. O trabalho do pensamento a longo prazo é *apontar a direção;* o trabalho da ação é *revelar informação sobre ti,* que vai ser útil na próxima fase de pensamento. Podemos assim tirar a conclusão: dado que agir gera informação interna e pensar apenas organiza a informação existente, agir é sempre a melhor opção quando estás bloqueada no pensamento; é agir por definição. *Na dúvida entre agir e pensar mais, agir é melhor.*

Vejamos um exemplo que ilustra o poder de agir por definição: tiveste a ideia de fazer um voluntariado para embelezar o currículo, mas continuas bloqueada na fase de pensamento; para resolveres o impasse, escolhes simplesmente agir: falas com o canil local e combinas fazer um mês de voluntariado (agir por definição). Ainda que o teu objetivo fosse apenas fazer um mês de voluntariado, acabaste por aprender algumas particularidades sobre os canis: aprendeste que os cães precisam de ser passeados com regularidade, enquanto que os gatos são mais independentes; aprendeste também que as pessoas só gostam de adotar animais novos. Ambas as informações poderiam ter sido obtidas com recolha de informação; teres agido não acrescentou valor aqui. O ganho está na informação interna: esta experiência revelou que gostas de animais; agora consegues ver a felicidade que eles conseguem criar. Além disso, o contato com pessoas mais altruístas que tu revelou o teu egoísmo; isto levou-te a continuar o voluntariado, para manteres o contato com este tipo de pessoas.

A quantidade de informação não deve ser o fator determinante na tomada de ação, e a qualidade também não! Qualquer uma destas é apenas um incentivo para seguir esse caminho: licenciaste-te em contabilidade, mas contabilidade já não encaixa (ou nunca encaixou) no futuro que imaginas; continuas a ter incentivos para exercer contabilidade, simplesmente por teres o conhecimento disponível. Contudo, não é razão suficiente para exerceres contabilidade: *és tu que escolhes o caminho, não a informação.* E informação a menos também não é razão para não agir, porque a ação vai trazer a informação que precisas. Se queres mesmo aprender a programar, larga este livro e vai. Agora.

Fechemos o tópico com a procrastinação. Procrastinar é deixar algo para depois, o perfeito oposto de agir por definição. Nós procrastinamos a curto e longo prazo: a curto prazo há um trabalho que não queremos fazer, um quarto por limpar, uma chamada para devolver; todas estas tarefas são realizadas em pouco tempo, quando uma data limite nos obriga a agir. É quando temos um teste que decidimos organizar as pastas do nosso computador. *Uma ação com um limite de tempo incentiva outras ações,* que frequentemente em nada estão relacionadas. A conclusão é que *procrastinamos quando temos tempo a mais em mãos:* quanto mais tempo temos para fazer menos fazemos. Além das ações que adiamos a curto prazo, procrastinamos também a longo prazo: todo o dinheiro que queres ter mas nada fazes para conseguir, todos os locais que queres visitar sem trabalhar primeiro, todas as imperfeições que queres corrigir sem ação. *É muito mais fácil procrastinar a longo prazo;* estas tarefas não demoram minutos a completar, ao contrário das tarefas a curto prazo. Ter um teste amanhã não é suficiente para deixares de ser teimosa; também não é suficiente para ganhares o milhão de euros que ambicionas. Ações a longo prazo requerem carga emocional para fazer mover um procrastinador: se não gostas da tua própria teimosia e o teu namorado acaba contigo por causa disso, talvez seja incentivo suficiente para mudares. *Não procrastinar é um músculo:* pode ser contrariado com esforço inicial, e habituado com consistência; agir por definição exercita este músculo.

Escrever em pedra

Escrever em pedra é fazer uma promessa a ti mesmo ou a terceiros;

Serve para acelerar o feedback, contrariando o feedback lento das ações a longo prazo;

Duplica os resultados bons e maus, intensificando o feedback e criando resiliência a longo prazo.

Escrever em pedra vem depois do pensamento a longo prazo: é associar resultados negativos ao evento de desistência e positivos à execução; por outras palavras, estás a aumentar o prémio em jogo e o quanto podes perder (risco). Como? Fazendo uma promessa a ti mesmo ou a terceiros, oficializando as tuas intenções. Fazer um hábito desta ferramenta *resulta em resiliência a longo prazo:* associar um sentimento negativo a desistir faz com que o evites; estás a educar o teu cérebro com esta estrutura de feedback. No entanto, dado que o risco se aplica a ambos os lados, escrever em pedra pode ter consequências negativas: tornar-te menos autoconfiante, assim como destruir a confiança que os outros colocam em ti. Isto acontece quando desistes. Desistir não é o mesmo que falhar. Desistir é não aprender e ficar menos propício a agir. Falhar é aprender e continuar a agir. Desistir é parar de fazer exercício porque requer esforço e perderes a vontade de voltar a tentar; falhar é voltar a tentar com dois dias por semana, porque aprendeste que todos os dias é insustentável. *Falhar é bom* e aprender deve ter um feedback positivo associado, *desistir é mau porque limita a nossa capacidade futura.* Quando desistes há uma consideração futura que não vai acontecer, deixando o teu futuro eu frustrado. Se o meu futuro eu valoriza uma personalidade incansável, sempre que eu falhar estou a desapontá-lo (feedback rápido negativo); em simultâneo, estou a incentivar o meu cérebro a arranjar uma nova forma de fazer acontecer. Se desistir, o meu futuro eu vai ficar frustrado.

A primeira forma de escrever em pedra é partilhares o que estás a fazer com as pessoas próximas: se eu disser aos meus amigos que planeio escrever um livro, eles vão me taxar se eu desistir; mesmo que não seja verbalmente. Isto acontece porque não cumpres a promessa; *a tua palavra perde valor.* Desta forma estou a criar feedback negativo quando não escrevo o livro, e feedback positivo quando executo. Quando o livro estiver feito, as minhas palavras valem mais para eles. Pode ainda ter outros benefícios, como incentivar os teus amigos a seguir o seu próprio caminho. Um segundo exemplo é combinares com alguém cedo se quiseres acordar cedo: a frustração do teu amigo se não cumprires (feedback negativo) dói mais do que te levantares cedo. Funciona melhor com amigos que te dão feedback direto, porque as consequências são óbvias. Por outras palavras, o resultado de não cumprires é sempre negativo; simplesmente com o amigo que dá feedback torna-se óbvio, incentivando-te a cumprir.

A segunda forma é escreveres as considerações sobre as quais vais agir num local que vês todos os dias. Ao escreveres o teu plano próximo da tua cama ou no espelho, *estás a lembrar o teu cérebro do que prometeste que fazias.* Se desistir não tirar dinheiro da tua própria conta emocional (ver banco emocional), esta forma de usar a ferramenta é inútil; não há penalizações. Significa também que a consideração que assumiste *não é realmente importante para ti.*

A terceira opção funciona bem para quem dá importância ao dinheiro que tem. Podes literalmente dar dinheiro a alguém que confias; essa pessoa vai devolver o dinheiro se cumprires o que prometeste, e gastá-lo onde quiser se desistires. Esta pessoa tem de ser corajosa o suficiente para o gastar! Se ela gastar o dinheiro em algo que tu odeias e ela adora melhor ainda: tu perdes porque não cumpriste, e ela ganha com isso. Usa as tuas características e motivações a teu favor.

Todas estas técnicas para escrever em pedra têm a mesma estrutura. Em primeiro lugar, aceleram o feedback de uma ação feita a longo prazo, pois criam *feedback no caminho em vez de no destino*: se não disseres às tuas amigas que queres perder dez quilos, só vais ter feedback se cumprires; elas vão dizer que estás mais magra e tu ficas contente por teres cumprido a promessa. Se lhes disseres que vais perder dez quilos, quando não fores ao ginásio com elas vais ter feedback negativo; se fores ao ginásio como prometeste, vais ter encorajamento (feedback positivo). Em segundo lugar, as técnicas amplificam o feedback. Imagina que queres trabalhar como diretor de produção, e tens um universo de três empresas que desejas. Demore o que demorar, não interessa; esta consideração vai deixar o teu futuro e presente eu feliz. Se ninguém souber, ou se não fizeres uma promessa a ti mesmo, *estás a dar pouca importância ao evento*; todo o caminho, assim como todos os sucessos e fracassos, terão menos peso. Quando tiveres sucesso, os teus amigos não vão perceber a dificuldade que foi atingi-lo; só vão ver o resultado. Consequentemente, não vão conseguir empatizar. Tu vais valorizar o sucesso, mas não tanto quanto devias; afinal de contas, não é assim tão importante. Se falhares, os teus amigos nem vão saber; tu tendes a desistir, pois não há uma promessa para cumprir.

3

Pensar a longo prazo em dinheiro

A Joana tinha vinte e dois anos quando acabou o curso de fisioterapia. Já namorava o Miguel, que conheceu na universidade. Eles gostam de ir ao café, e todas as manhãs param no mesmo quiosque; bebem o café, comem um pastel de nata a meias, e a Joana joga numa raspadinha. Uma vez ganhou cem euros! Hoje, com trinta anos, a Joana tem mil e cem euros que guarda numa conta à ordem; quer poupar mil e quinhentos euros para uma viagem ao Vietname. O Miguel foi habituado a poupar desde pequeno; tem cinco mil euros que estão investidos em ações e índices. Ele espera começar a gastar estas poupanças com quarenta anos, mas a Joana insiste para que o Miguel venha com ela ao Vietname. Ele tem dois mil euros numa conta poupança, mas sabe que não lhes pode tocar; no passado já teve de voltar para casa dos pais, por não ter um pé-de-meia para pagar a renda. Sente-se pressionado para satisfazer a namorada, e sabe que esta viagem não é uma situação única. "Este mês não vou conseguir poupar para a nossa viagem! E vou ter de pedir dinheiro à minha mãe para ajudar no arranjo do carro, senão não consigo ir trabalhar", diz a Joana numa das manhãs no café. O Miguel olha para a raspadinha que a Joana vai começar a raspar; o café começa a não lhe saber muito bem.

Dinheiro é fútil mas necessário; a falta dele cria problemas reais e graves, inclusive nas relações;

A falta de educação financeira é de longe a maior causa de problemas financeiros.

Este é mais um mundo que a escola não ensina; uma pequena quantidade de informação faz toda a diferença na tomada de decisão. Começo já por dizer que não vais encontrar aconselhamento financeiro nesta secção, apenas informação. Antes de investires procura um profissional que te aconselhe, e antes ainda disso sugiro que te auto eduques: existe um livro chamado "Thinking, Fast and Slow" de Daniel Kahneman; o livro descreve experiências que clarificam a forma como pensamos, inclusive sobre dinheiro. Como exemplo, uma das experiências concluiu que perder dinheiro dói duas vezes mais do que ganhar.

Comecemos por reconhecer a prática das raspadinhas e dos euromilhões no quotidiano português, *uma prova viva de pensamento a curto prazo.* Por trás destas ações estão duas premissas principais: necessidade de incerteza e/ou falta de informação sobre os efeitos financeiros a longo prazo. Raspar uma raspadinha pode servir o papel de quebrar a rotina, adicionando entropia a esta. Se o meu dia for sempre igual - acordar, trabalhar, voltar para casa, dormir e repetir-, então jogar na raspadinha pode gerar felicidade ou tristeza não esperada. Contares aos teus amigos que com um euro jogaste dez vezes na raspadinha, ou aos teus pais que ganhaste 100€ numa raspadinha de 2€, é excitante. E *tu pagas o excitante.* Não são só as raspadinhas que desempenham o papel de quebrar a rotina; as notícias e as redes sociais fazem o mesmo. Esta razão pode ser justificação suficiente para ti, desde que seja consciente: sei que a curto prazo estou a comprar prazer com estas raspadinhas, e está ok para mim. *O problema vem quando olhamos para estes jogos como um investimento.* Vejamos o seguinte gráfico:

- Quanto apostas ━ • Quanto seria racional apostar

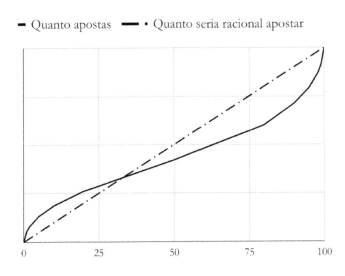

Probabilidade %

Decisão racional vs. emocional em acontecimentos probabilísticos (Kahneman, 2012, página 315 - adaptado).

Repara nas pontas do gráfico: o peso que metes em certas decisões é irracional, particularmente nas raspadinhas e euromilhões. *Estás a pagar demasiado pela pequena chance de ganhar muito dinheiro.* Por outras palavras, pagas demasiado quando a probabilidade de algo acontecer é muito pequena (e pouco quando a probabilidade é muito grande).

Vamos jogar: inventei uma raspadinha onde podes ganhar 180000€, e só custa trinta cêntimos! E em média, uma em cada quatro raspadinhas tem prémio! E mais: o prémio são os teus trinta cêntimos de volta, ou os 180000€! Agora a parte sóbria: a probabilidade de ganhares 180000€ é 0.0000867% (13 prémios destes em 15 milhões de raspadinhas). Ainda que em média uma em cada quatro raspadinhas te dê o dinheiro de volta, não faz sentido pagares mais do que 23 cêntimos[2] pela raspadinha! Mas tu pagas trinta cêntimos com gosto. Eu fico rico sete cêntimos de cada vez; tu ficas viciado e pobre.

Ambos os negócios foram criados para gerar lucro. Tal como acontece nos seguros, quem cria os negócios tem a vantagem da informação: no caso das raspadinhas e dos euromilhões, eles sabem que basta uma pequena vantagem do lado deles para ter lucro. A diferença é que nas raspadinhas e nos euromilhões temos toda a informação para calcular quanto dinheiro vamos perder a longo prazo; nos seguros só eles têm a informação. Mas claro, nós compramos raspadinhas na mesma; fazer as contas dá trabalho. E se a minha colega de trabalho ontem ganhou 100€ com 2€, quem diz que as raspadinhas não dão dinheiro? E aquela pessoa que está sempre a ganhar nas raspadinhas? Vamos a um exemplo real: a raspadinha 'Jogo 191 - Janelas da Sorte', que custa 1€. Se comprares uma raspadinha, é difícil de prever o resultado com confiança;

---

[2] $180000(0.0000867\%) + 0.3(25\%)$.

se comprares trinta, em média vais *perder quase metade do dinheiro que gastaste³*; se as comprares todas, é certo que vais perder quase metade do teu dinheiro. Eles vendem quinze milhões de euros em raspadinhas, distribuem pouco mais de metade em prémios e arrecadam o resto.

Além da incerteza e da falta de informação, temos ainda outros dois fatores a ajudar: um deles é a falta de gestão das finanças diárias. Por não gerires as tuas finanças, passa-te ao lado a quantidade de dinheiro que gastas em raspadinhas; quando ganhas um prémio, não sabes se pagou todos os euros que gastaste. O outro é *a nossa atitude quando temos pouco dinheiro:* quando temos pouco dinheiro, tendemos a desvalorizar a poupança e o investimento. Afinal de contas, mesmo que invista 100€ e os duplique num ano (um retorno ridiculamente enorme em percentagem), só tenho mais 100€. Ter pouco dinheiro gera tipicamente dois pensamentos: não vale a pena investir pouco dinheiro e, já que tenho pouco, mais vale arriscar; toca a jogar no euromilhões ou raspadinha. A conclusão é que *ter pouco dinheiro é sim um desincentivo para investir*, mas não justifica jogar um jogo onde vais perder metade do teu dinheiro. A raspadinha só serve para te entreter; a incerteza traz felicidade a curto prazo. O jogo

---

³ O valor esperado desta raspadinha são 58 cêntimos. Podes consultar este valor em qualquer raspadinha, na linha que diz: "o total para prémios representa 58% do capital emitido".

está feito para ganhares a curto prazo e perderes a longo prazo. Quem tem pouco dinheiro deve poupar o pouco que sobra! Se poupares os 2€ que gastas por dia na raspadinha durante dez anos, são 7300€. Estes 7300€ investidos a longo prazo podem depois pagar raspadinhas até ao resto da tua vida; mas primeiro poupa e investe.

Conceito de juros compostos

É o conceito matemático mais importante para um jovem adulto, por causa do fator tempo.

Juro é o dinheiro que recebes por teres investido;

O juro composto aumenta com o tempo; o juro simples é sempre igual.

A razão principal para dar atenção ao conceito de juro composto enquanto novo é indubitavelmente o fator tempo. Na matemática A do ensino secundário aprofundas tantos tópicos sem nunca falar de juros compostos; eles são a principal razão pela qual pensar a longo prazo em dinheiro é importante! Se tens aversão a matemática, faz o esforço de entender só este conceito; *é demasiado importante para ignorar.*

Comecemos pelos conceitos: investir é abdicar de dinheiro hoje, movendo-o para um local que vai fazer mais dinheiro. Juro é o dinheiro que recebes depois de fazeres um investimento. De uma forma simples, há dois tipos de juros: o juro simples é sempre igual, o juro composto aumenta com o tempo. Porquê? Porque há um mecanismo de reinvestimento. Por outras palavras, os juros simples não beneficiam do fator tempo; rendem o mesmo todos os anos. Com juros compostos, o ganho no vigésimo ano é muito maior do que o ganho no primeiro ano.

Um exemplo: investes 3000€ num certificado de tesouro que rende 3% anualmente; um ano depois, tens na tua conta 90€[4]. Neste momento tens três opções: a primeira é não fazer nada; a segunda é gastá-los. Em ambos os casos, os juros vão ser simples: vais continuar a receber 90€ todos os anos, pois não ativaste o mecanismo de reinvestimento. A terceira e última opção é usar os 90€ para comprar mais certificados de tesouro. Para simplificar, vamos assumir que o certificado continua a render 3%, e que podemos investir valores inferiores a 1000€. Por causa de teres reinvestido o juro que recebeste, no final do

---

4 3% de 3000€, assumindo um juro líquido.

segundo ano vais receber 93€ (3% de 3090€). O juro continua a ser 3% e o montante inicial 3000€, mas o valor do juro aumentou: passou de 90€ a 93€. Se nunca reinvestires o juro, continuarás a receber 90€; se o reinvestires, daqui a vinte anos o juro é de 158€ anuais!

Visualmente os juros simples são uma linha horizontal, todos os anos recebes o mesmo. Os juros compostos são uma curva (exponencial) por causa do fator tempo; vão acelerando, e a inclinação dela depende da percentagem do juro. Se for 3% como vimos no exemplo, será muito menos inclinada do que se for 7%:

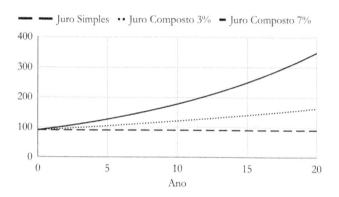

O juro de 90€, simples e composto (3% e 7%).

O conceito de juro composto *aplica-se em primeiro lugar ao conhecimento:* se nunca aprendermos, vamos errar sempre da mesma forma e agir sem direção; é o juro simples, igual todos os anos. Aprender direciona a ação, usando a experiência de vida; é o juro composto, cada vez melhor.

Se eu soubesse que gostava de investir no final do ensino secundário teria seguido um caminho académico diferente; são muitos passos que não dei na direção ideal. Imagina recomeçar a tua vida com o teu conhecimento atual, concentrando todos os recursos (tempo e dinheiro) na direção que hoje consideras ideal; estarias anos luz mais à frente na tua jornada, como a curva mais inclinada no gráfico anterior.

Em segundo lugar, os *juros compostos aplicam-se ao dinheiro*.

Vejamos este exemplo em que três amigos investiram com um juro de 7% anual, retirando todo o dinheiro aos 50 anos:

Nome	Valor anual	Quando	Tipo de juro	Total Investido
André	1 200€	20 aos 25	Composto	**7 200€**
Bruna	1 200€	30 aos 45	Composto	**19 200€**
Carla	1 500€	30 aos 45	Simples	**24 000€**

Os totais investidos são radicalmente diferentes. No entanto, quando os três amigos tiraram o dinheiro dos seus investimentos, ficaram aproximadamente com a mesma quantia[5]! É o melhor exemplo do fator tempo em jogo: *começar cedo permite-te tirar vantagem dos juros compostos*. O André fez duas boas escolhas: investir cedo e em juros compostos. A Bruna só fez a segunda, e por isso precisou de investir 19200€ em vez de 7200€. A Carla não fez nenhuma delas, e por isso teve de investir 24000€ para ter o mesmo retorno.

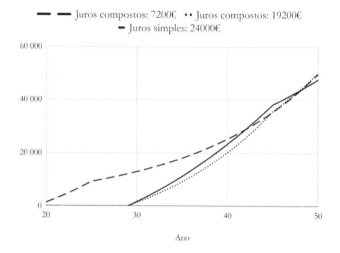

Retorno dos três investimentos ao longo dos anos.

Se os juros compostos são excelentes, a inflação é péssima pela mesma razão: a inflação usa o poder dos juros

---

[5] 49850€ para o André, 50223€ para a Bruna e 47730€ para a Carla.

compostos contra nós. Significa que quanto mais tempo passa, pior é para o teu dinheiro parado; o vigésimo ano é muito pior do que no primeiro. Por esta razão, recomendo-te a veres a secção: a inflação existe.

A inflação existe

Inflação é o aumento de preços. Cada pessoa sente a inflação de uma maneira diferente;

Não sentimos o problema porque não tira dinheiro da nossa conta bancária, mas é como se tirasse;

Os efeitos a longo prazo são enormes no nosso dinheiro; comportam-se como juros compostos.

Perceberes o conceito de inflação é essencial para tratares de forma diferente o teu dinheiro parado. Define-se dinheiro parado como tudo o que tens na conta à ordem, as notas e moedas na carteira, e por fim algumas contas poupança[6]. A inflação não tira dinheiro da tua conta mas faz algo equivalente: aumenta os preços daquilo que compras. Em toda a minha vida académica nem uma vez me foi ensinado o conceito de inflação, e provavelmente o mesmo acontece contigo. Inflação é, de uma forma prática, o aumento dos preços dos produtos que compras: o *dinheiro que tens parado na tua conta bancária compra cada vez menos bens.* Inflação é um incentivo ao investimento: se tens uma batata quente na mão, vais querer livrar-te dela. Dinheiro parado perde poder de compra num ambiente de inflação, incentivando-te a movimentá-lo; por outras palavras, o dinheiro do teu salário e de algumas contas poupança compra cada vez menos bens.

---

[6] Algumas contas poupança, certificados de aforro e tesouro não pagam juros suficientemente altos para compensar o aumento dos preços (inflação).

Investir é a melhor forma de combater a inflação. Só investir aumenta o teu poder de compra.

O nosso primeiro contato com inflação é geralmente nas notícias; sem sabermos, fazem referência ao índice de preços do consumidor (IPC) ou ao índice harmonizado de preços do consumidor (IHPC). Ambos os índices são um cabaz de produtos, cujo preço é atualizado pelo Instituto Nacional de Estatística. Mas há um problema: *este cabaz de produtos pode ser muito diferente do cabaz de produtos que tu consomes:* no IPC/IHPC estão classes como bebidas alcoólicas (4%), restauração e hotéis (6%), e saúde (7%);

contudo, tu podes gastar 20% do teu rendimento em hotéis e restaurantes, e/ou apenas 1% em saúde. *As notícias podem dizer que a inflação é 0.5%, mas tu estás a viver uma inflação de 6%.*

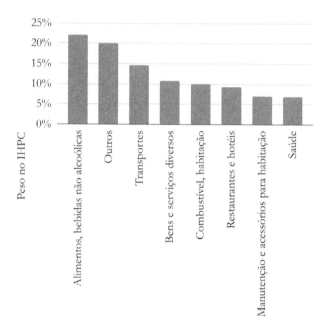

IHPC de Portugal por Classes. (INE - Instituto Nacional de Estatística, 2021)

Resumindo, o IPC/IHPC não diz nada sobre a tua situação específica; *deves ter em conta o teu próprio cabaz de compras* na gestão do teu dinheiro. Se a renda que pagas tem muito peso no teu rendimento, sempre que o senhorio a aumentar sentes bem a inflação. Quando estudava na universidade, as rendas de quartos para estudantes em Leiria rondavam os 90 a 150€; à data do livro andam na casa dos 150 a 250€. Tudo em meia dúzia de anos. E no entanto a inflação medida pelo IPC/IHPC rondou os 0-2% anuais (Inflation.eu, 2020). Quanto mais propício estiveres a sofrer com a inflação, mais te deves preocupar com dinheiro que tens parado; porém, não é a única razão para investir: fazer dinheiro com dinheiro continua a ser um incentivo.

Juntando inflação aos juros compostos, uma pequena taxa de inflação a longo prazo tem efeitos exponenciais: uma taxa de inflação de 2% durante vinte anos reduz o teu poder de compra em um terço[7]! Significa que se hoje com 100€ fazes as compras da semana, daqui a vinte anos precisas de aproximadamente 150€; o dinheiro que tens parado no banco continua lá, mas o preço dos bens aumenta. *Se a inflação tirasse literalmente dinheiro do banco*, 100€ parados na conta durante vinte anos passariam a 67€ (um terço).

---

[7] Um bem de 100€ passa a custar 150€ = $100(1+2\%)^{20}$. Se a inflação tirasse dinheiro da tua conta, os teus 100€ passariam a 67,30€ = $100/(1+2\%)^{20}$.

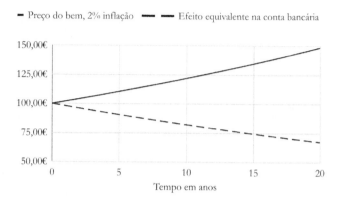

Inflação vs. poder de compra do dinheiro que tens na conta bancária.

A inflação é mais uma razão para pensares a longo prazo: deve incentivar-te a comprar bens que preservem valor durante longos períodos, isto é, que valham mais com o tempo. É também um incentivo para ganhares mais dinheiro ao longo do tempo: se continuares a ganhar o mesmo durante vinte anos, o teu estilo de vida atual pode deixar de ser sustentável; depende de quanto gastas relativamente ao que ganhas. Por exemplo: se o teu custo de vida custar 700€ mensais *hoje* e fores viver assim para sempre, ganhar 700€ para sempre não chega! Para uma inflação anual de 2%, vais precisar de ganhar 1546€[8] mensais (em vez de 700€) para suportar o mesmo custo de vida.

Evitar catástrofes financeiras

Um pé-de-meia é um seguro contra acontecimentos catastróficos, pois compra-te tempo;

No mínimo, deve comprar tempo suficiente para recuperar de eventos catastróficos;

Fazê-lo não deve depender do teu rendimento, e exige poupar.

Além de começares a investir cedo, é também boa ideia ter dinheiro de parte, para situações que não esperas que aconteçam. O valor depende de cada pessoa em cada situação específica (procura um profissional se precisares de ajuda, só eles poderão dar aconselhamento financeiro legalmente).

---

[8] $700(1 + 2\%)^{40} = 1546$€.

Tu podes esperar mudar os pneus do teu carro com uma dada frequência, mas podes não esperar que o teu carro tenha um problema maior que requer mais dinheiro para reparar. E se o teu carro é vital para te deslocares até ao local de trabalho, podes estar a comprometer a tua fonte de rendimento porque não te preparaste para o inesperado. Se não tens dinheiro de parte para sustentar alguns meses de renda, estás a pedir problemas pela mesma razão do automóvel: há certos itens que são essenciais para construir todo o teu futuro, e não teres uma segurança financeira para esses casos põe-te vulnerável. *É um seguro* contra acontecimentos que têm um impacto determinante no teu futuro. A pandemia foi um teste de stress às finanças pessoais de muitos, mas não precisas de aprender sentindo na pele.

Podes ser muito ou pouco conservador com o pé-de-meia que fazes: uma pouco conservadora cobre apenas riscos catastróficos como perder o emprego ou ficar sem casa; alguém muito conservador cobre também riscos como não conseguir viajar todos os anos, por exemplo. Para quem gosta de investir a tendência é minimizar o dinheiro parado, mas se és uma dessas pessoas lembra-te que um risco catastrófico pode causar perdas de capital: se investes em produtos cujo retorno oscila muito (é volátil), podes ter que vender a perder por obrigação;

não ter emprego e ter que pagar a renda, por exemplo. Tiveste boas intenções, mas acabaste por correr riscos desnecessários. Ainda sobre o quanto conservador queres ser: é uma boa ideia ter um pé-de-meia que, além de cobrir as catástrofes, compre também o tempo de repor o próprio fundo de emergência. Desta forma, reduzes ainda mais a probabilidade de seres apanhado com as calças na mão.

Independemente de tudo, faz um pé-de-meia a começar agora, *independentemente de quanto consegues poupar por mês*. És tu que tomas a decisão de poupar ou não poupar, e na grande maioria dos casos é uma questão de prioridades: janto fora ou guardo o dinheiro? Compro este telemóvel ou mantenho o antigo? Compro mais roupa ou uso a que já tenho? Só vês o benefício de poupar quando precisas do dinheiro, e então continuas a preferir gastá-lo todo; não subestimes o custo monetário e mental deste tipo de catástrofes. Ter um pé-de-meia é a diferença entre conseguires voar de volta para Portugal a tempo de te despedires do teu familiar, ou nem sequer conseguires ir ao funeral dele.

Gestão das finanças pessoais

Serve principalmente para não gastarmos acima das possibilidades;

Expõe a relação custo/valor das tuas despesas, mudando hábitos de consumo;

Deve ser feito no mínimo até teres informação sobre todas as despesas recorrentes.

A gestão das finanças do dia a dia inclui todos os movimentos do teu dinheiro pessoal; significa numa primeira fase apontares tudo o que gastas. A razão é simples: *ter menos problemas de dinheiro a longo prazo*. A única razão para não o fazeres é não teres qualquer problema financeiro até morreres com o estilo de vida que levas, o que é extremamente raro.

No início do capítulo falávamos das raspadinhas, que servem como exemplo aqui: se soubesses quanto gastas nelas, talvez parasses de jogar para começar a poupar. Lembrete: 2€ por dia (uma raspadinha) são 7300€ em dez anos. O mesmo pode ser dito com jantares fora, cafés ou tabaco dependendo da pessoa em questão. E então? Estou a argumentar que a *simples consciência dos teus gastos muda os teus hábitos de consumo;* eis um exemplo pessoal: quando eu me apercebi de quanto gastava em viagens, comecei a pensar se estava a tirar tanto valor quanto dinheiro gastei. Quando descobres que gastas 100€ por mês em sushi, pode começar a doer mais do que o prazer de comê-lo. Quando sabes os teus gastos, consegues pesar o custo financeiro e o valor que tiras.

Saberes quanto gastas mensalmente e onde gastas *serve também para planeares as tuas próximas ações a longo prazo.* Se o teu estilo de vida custar 700€ mensais para o resto da tua vida, há pelo menos três implicações que sucedem:

1.   O teu pé-de-meia deve suportar este custo de vida e certos eventos catastróficos; por outras palavras, deve comprar-te o tempo necessário para conseguir repor a estabilidade financeira (ver secção: evitar catástrofes financeiras);

2.   Deves ganhar mais do que 700€ para pagares as despesas sem precisares de créditos e ainda poupares algum dinheiro. Se não conseguires poupar, nunca vais conseguir repor o fundo de emergência; é obrigatório ganhares mais do que 700€. Se estiveres também a poupar

67

para deixares algum aos teus filhos, precisas de ganhar ainda mais;

3. Quando te reformares, vais precisar de pelo menos 700€ mensais ajustados à inflação (ver secção: a inflação existe) que vai acontecer de hoje até lá. Ou seja, vais precisar de mais do que 700€ mensais.

Se não apontas as tuas despesas, não sabes o custo médio do teu estilo de vida. Sem esta informação, não sabes quanto precisas mensalmente para sobreviver sem fonte de rendimento; por outras palavras, não consegues estimar o tamanho do pé-de-meia. Também não sabes quanto precisas de ganhar para poupar de uma forma sustentável: há meses em que consegues poupar, mas noutros meses tens de ir buscar às poupanças. Por fim, não saberes os teus custos mensais pode obrigar-te a *sacrificar a qualidade de vida*: a curto prazo, basta um evento inesperado que aperte os teus cordões; a longo prazo, basta que a tua reforma seja mais baixa do que o teu gasto médio mensal.

Não saber os gastos mensais cria uma outra barreira: *incapacidade de avaliar a relação custo/valor* de algumas compras: saltar de paraquedas é uma experiência que para ti tem um dado valor emocional, mas não é qualquer preço que a paga; se pagasses 2000€ em vez de 150€ para saltar, talvez preferisses fazer outras coisas com o dinheiro. Neste exemplo a relação custo/valor é óbvia, porque é uma despesa rara e grande. Em contraste, beber um café é uma despesa *pequena e constante*, comendo a tua carteira aos poucos: se comprares cápsulas de café premium em vez de marca branca, pagas 0,35€ por cápsula em vez de 0,20€. Uma família que consome quatro cafés por dia paga 200€ a mais por ano pelo café premium; são 4000€ em vinte anos de consumo. Uma situação equivalente é beber um café por dia por 0,60€; também vai gastar 4000€ em vinte anos. Da mesma forma, se descobrires que gastas 140€ por mês em tabaco, talvez comeces a fumar menos. Estes 140€ por mês são 42000€ em 25 anos! É suficiente para viajar durante um ano e pagar a entrada de um crédito habitação. Preferes fumar todos os dias durante 25 anos? És tu que escolhes. Faz o teu dilema.

Para conseguires registar as tuas poupanças para sempre, há que tornar o processo fácil. Se toda a vez que tiveres uma despesa demorares cinco minutos a escrevê-la, *estás a condenar-te ao fracasso* nesta tarefa. Arranja forma de ser fácil para ti; para mim é um atalho para uma folha de cálculo no telemóvel. Há aplicações que te ajudam no processo[9]. Vais conseguir perceber para onde vai o teu dinheiro: quanto gastas em combustível, comida,

---

[9] Monefy ou Money Manager, por exemplo.

entretenimento e outras. Provavelmente vais ter despesas que não se enquadram em nenhuma categoria. O objetivo é conseguires categorizar todos os gastos que consegues prever, *para controlares melhor o teu futuro financeiro*. Com estes dados, vais ficar melhor informado para tomares decisões financeiras a curto e longo prazo. Podes ver que gastos têm mais peso ou são desnecessários, ajudando a cortar para poupar e investir; ajuda também a medir o tamanho do fundo de emergência e a planear a reforma, como já vimos. Vais conseguir perceber se compensa mais andar de transportes públicos, ou gastar 1700€ por ano em combustível e todas as despesas associadas a um carro. Consegues ver o total gasto em ginásios, para decidires se compensa comprar o teu próprio equipamento. A mais longo prazo, consegues perceber se tens folga financeira para fazer um crédito habitação, em vez de gastares acima das tuas possibilidades.

A pessoa que não tem informação sobre as suas despesas não sabe quanto gasta por mês em média, muito menos no máximo. Não tendo a informação, sujeita-se a fazer estimativas com base num mês com poucas despesas, criando problemas no futuro. Vejamos um exemplo de um registo de despesas ao longo de um ano:

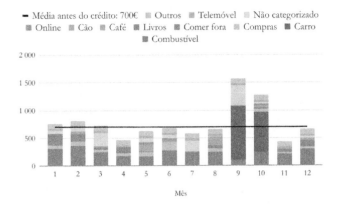

Exemplo real de variação nas despesas mensais, ao longo

de um ano.

Vamos a um exemplo com base na imagem anterior: queres fazer um crédito habitação; para o efeito, registaste as tuas despesas em abril, maio e junho (meses 4, 5 e 6). Os gastos desses três meses resultam numa média de 500€ mensais. Tu ganhas 800€ líquidos mensais, e então em julho decides: vou comprar uma casa. Fazes um crédito habitação com uma prestação de 200€ mensais durante quarenta anos; parece bem, ainda ficas com 100€ por mês para o que te apetecer. Há um problema: a tua média de despesas é na realidade 700€ mensais (linha horizontal)! Tu não o sabes, porque só registaste as despesas naqueles três meses. Quer dizer que, na verdade, estás a gastar 100€

71

acima das tuas possibilidades: ganhas 800€, mas gastas em média 900€[10] por mês. E agora? O dinheiro tem de vir de algum lado. A consequência imediata de teres feito este erro é que *não te podes despedir, senão ainda é pior.* Vendes a casa? Cortas no teu estilo de vida? Entras numa espiral de créditos e mais créditos? Procuras um trabalho que pague mais? O tempo está contra ti.

A conclusão é que *há um mínimo de tempo* para recolher informação sobre as tuas finanças pessoais: o suficiente para capturar todas as despesas recorrentes. Se vais ao dentista de dois em dois anos e só apontaste as despesas durante um ano, esta despesa pode não aparecer no teu radar. A escolha é tua: num dos lados está gastar quinze segundos a registar cada gasto; no outro está andar stressado, preso ao teu empregador e/ou a viver pior do que estás habituado. Tudo porque a alternativa dava muito trabalho.

---

[10] 700€ em gastos médios mensais + prestação de 200€, fruto do crédito habitação.

Amor, é preciso um frigorífico tão bom?

Não falar sobre dinheiro com a tua cara-metade acaba relações a longo prazo;

Os hábitos financeiros do teu parceiro ou parceira têm impacto na tua vida.

Se planeias estar com alguém para o resto da tua vida, falar sobre dinheiro é crítico: a forma como geres o teu dinheiro pode ser completamente diferente da tua cara-metade. E, dado que as vossas vidas financeiras se vão eventualmente cruzar, facilmente haverá atritos; é importante pensar nisto a longo prazo. Pensa em todas as horas que estás a investir com a tua namorada para construir algo duradouro. No início da relação dinheiro pode não ser um fator relevante; mais tarde, surgem os dilemas: deves contribuir mais para as despesas comuns porque ganhas mais? Queres separação de bens no casamento e ela quer comunhão total de bens? Nunca falaram sobre isso, e agora há uma decisão a tomar *que afeta o resto das vossas vidas.*

A melhor forma de minimizar o efeito do dinheiro no futuro de uma relação é *falar agora sobre o assunto*. Algumas perguntas sobre as quais devem conversar são: como vão gerir as despesas do dia a dia? Quem é que contribui com quanto? Esperam haver diferenças na gestão de bens conjuntos, como por exemplo um de vocês querer vender uma casa e o outro querer rentabilizá-la?

Uma das perguntas que merece destaque é: *de que forma é o estilo de vida dele influencia o meu monetariamente?* Tu gastas 300€ numa viagem de férias e o teu parceiro gasta 1500€; prevêem-se automaticamente atritos financeiros e emocionais. Uma de três vai acontecer, e nenhuma delas é meiga: primeiramente, aumentares o teu esforço financeiro para satisfazer o estilo de vida dele; como segunda opção, ele aumenta o seu esforço financeiro para te pagar a viagem; por fim, ele pode sacrificar o seu estilo de vida mais caro. Seja qual for a opção escolhida, *esta adaptação precisa de ser sustentável a longo prazo;* podes não estar disposta a gastar tanto para satisfazer os desejos do teu parceiro. Imagina que estás numa relação há cinco anos; ele quer comprar uma casa a crédito que custa trezentos mil euros, resultando numa renda mensal de 800€. Ele quer dividir esta renda contigo porque a casa é para os dois, mas tu só queres arrendar uma casa; prenderes-te a um crédito tão grande e a tão longo prazo está fora de questão. Estamos a falar de uma decisão que afeta ambos a longo prazo: vais deitar os cinco anos que passaram fora, ou vais assumir a despesa com ele? É melhor pensares agora no que é mais importante: viver financeiramente presa por causa das decisões do teu parceiro, ou ser financeiramente livre sem ele.

Um segundo exemplo: decidiram criar uma conta bancária, para a qual ambos contribuem mensalmente; o objetivo será gerir as despesas conjuntas. Ele acha que devem comprar um frigorífico que custa 1500€ e que deve sair da conta conjunta, porque o frigorífico é para a vossa casa. Tu, por outro lado, és pouco materialista; qualquer frigorífico que refrigere é suficiente. Como vais reagir? Multiplica isto por todos os itens que constituem o recheio de uma casa. Estás financeiramente confortável com isso?

4

Pensar a longo prazo em relações

A Isabel sobe o trilho atrás das colegas, como é costume aos sábados. "Agora já é tarde demais para mudar", pensa ela na sua vida; o trilho força-a a refletir, quando o Facebook é inconveniente de usar. É inconveniente deixar o marido por causa dos filhos; eles não merecem crescer sem pai, só porque a mãe deixou de gostar dele. "Odeio quando ele foge aos problemas, porque é que ele não vê que assim é pior? Podia ter previsto... desde o início que ele nunca queria falar quando havia problemas, nem sequer no dia a seguir". Fez o trilho e foi para casa, como é costume aos sábados.

Relações profundas criam memórias duradouras;

Quando a raiz das memórias é uma relação a longo
prazo, as memórias tendem a ser únicas;

Uma relação profunda a longo prazo requer
bilateralidade, mas a curto prazo não.

A secção anterior abordou as relações de um ponto de vista monetário; vamos agora olhar para as relações com um foco emocional. Significa que, se há pouco o ganho era monetário, agora é na realização pessoal. A importância de pensares a longo prazo sobre relações é em primeiro lugar que estas podem consumir tempo e espaço mental, com o maior desperdício nas interações superficiais a longo prazo. Em segundo lugar, e pelo lado positivo, há relações que criam memórias não só únicas como duradouras: falo das relações profundas a longo prazo.

O que é uma relação profunda? *Uma relação é profunda quando existe uma troca voluntária de informação íntima.* Por exemplo: se a tua colega partilhar contigo que na realidade gosta de ir à praia, mas que não pode porque teve cancro da pele, estamos perante indícios de uma relação profunda.

Indícios? Sim; esta informação parece íntima por ser emocionalmente forte, mas na verdade depende do *contexto*: apresentar a família é banal para alguns, e uma abertura enorme para outros. A revelação que a pessoa fez sobre não ir à praia por ter tido cancro pode ser igualmente banal, facilmente partilhada por ela. A melhor forma de identificar uma informação íntima é medir a emoção da pessoa no momento da partilha: o teu colega pode dizer-te que o pai dele já faleceu de uma forma leve ou cheia de emoções. Estas emoções podem refletir-se na forma como falou, no ambiente criado e/ou no seu comportamento. Resumindo, informações ou gestos íntimos são marcados por emoções fortes por parte da pessoa, e não apenas pelas palavras ditas.

Para que uma relação profunda se desenvolva é então necessária a partilha de experiências com alto nível de interação; isto é, *carregadas emocionalmente*. Se pensares no banco emocional (ver ferramenta: banco emocional), são atividades com grandes altos e/ou baixos no desenho que descreve essa atividade. Fumar um cigarro é um pequeno alto emocional, ver o teu filho nascer é um enorme alto emocional, descobrir que tens cancro é um grande baixo emocional:

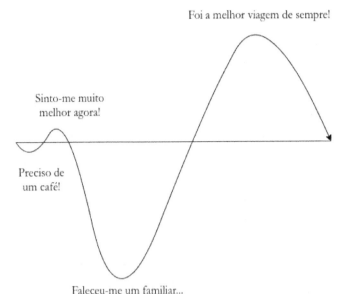

Escala emocional de vários acontecimentos num banco emocional.

Sem emoções fortes, a relação será sempre superficial mesmo que a quantidade de interações seja elevada! Imagina teres um colega de trabalho durante vinte anos; trabalham um ao lado do outro todos os dias, mas só falam sobre o tempo e trabalho. A relação é superficial, apesar da quantidade de interações ser enorme. Por outro lado, viajar com alguém que conheces há pouco tempo é uma experiência densa, principalmente se for mentalmente exigente. Ao fazê-lo estás a acelerar a construção de uma relação, dado o tipo e quantidade de interações que resultam. Se fores fazer um longo trilho com uma colega nova, vais aprender o comportamento dela em situações emocionais e inesperadas, e ela vai aprender o teu. As surpresas vão testar o vosso lado reativo, e a exigência física a vossa paciência. Acontecimentos como cansaço, ficar sem água a meio caminho, ou uma de vós magoar-se são alguns exemplos. E se pelo caminho virem ou presenciarem algo que ambas consideram belo, é uma ligação que produz frutos de nostalgia no futuro, potenciando mais interações. O ponto de vista de outra pessoa tem também benefícios a nível pessoal, pois abre portas à criatividade do teu cérebro: a tua amiga vê o mesmo que tu com olhos diferentes, revelando uma lente nova para ver o mundo; eu olho para uma televisão e vejo um negócio, tu olhas para a televisão e vês um drama. Resumindo, para que ocorram relações profundas têm de haver interações carregadas emocionalmente, e uma grande quantidade de interações acelera o desenvolvimento da relação.

Uma relação profunda cria *memórias duradouras*. Estas, por sua vez, dão-nos um sentimento de que vale a pena viver; são também um certificado de que uma dada experiência foi relevante para nós. Quando jogas à bola com os teus amigos divertes-te no momento, mas daqui a dez anos não te vais lembrar de todos os jogos; talvez um momento específico onde alguém se aleijou, ou um golo incrível. A conversa que fazes com os teus colegas no café dissipa-se no tempo; não cria memórias duradouras. Por outro lado, se um destes colegas te contar que os cafés que bebem juntos deu sentido à vida dele porque impediu o suicídio, talvez nunca mais te esqueças do momento; depende ainda assim do contexto em que foi dito, como vimos anteriormente.

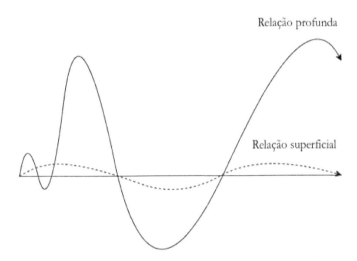

Banco emocional de uma relação superficial e de uma relação profunda.

Há experiências que só ocorrem numa relação profunda a longo prazo; por outras palavras, *relações profundas a longo prazo criam memórias únicas.* O significado daquele sucesso que a tua amiga levou vinte anos a conquistar só pode ser compreendido de uma forma: ter vivido o percurso com ela. Se o fizeste, estás na única posição possível para perceber a importância do evento; ela vai querer celebrar o sucesso contigo, porque sabe que entendes a vitória. O universo de pessoas que ela tem disponível para celebrar uma vitória destas é quase nulo, porque exige muitos anos de relação. Ter vivido uma situação equivalente *não chega para empatizar com ela*, porque a situação dela está envolvida num contexto específico. Por exemplo, mesmo que tenhas perdido a tua melhor amiga num acidente e outra pessoa também, o contexto pode criar um oceano de diferença: tu só tinhas aquela amiga e por isso entraste em depressão profunda, a outra pessoa teve alguém em quem se suportar e recuperou melhor. Um último exemplo para ilustrar a unicidade de uma relação profunda a longo prazo: o teu colega de trabalho não percebe o quão difícil foi tu começares a pedir desculpa. Ele sabe apenas que gostas andar de bicicleta e sair à noite; podes até ter partilhado que já tiveste uma depressão profunda, mas em nada ajuda a empatizar com esta superação; a relação não é suficientemente profunda neste assunto. Por outro lado, a tua família acompanhou todo o processo. Percebe que sempre foste orgulhoso, e que esta mudança foi não só difícil como importante para ti. A tua família tem potencial para criar uma memória única contigo, o teu colega de trabalho não. É por isto que uma relação profunda a longo prazo cria memórias únicas (e duradouras).

Por fim, abordemos um requisito para uma relação profunda a longo prazo: bilateralidade. Uma relação é bilateral quando a troca de informação íntima é recíproca. *Uma relação profunda a longo prazo tem de ser bilateral;* dar abertura a outra pessoa sem nunca receber de volta é insustentável a longo prazo: sem informação íntima sobre o lado oposto, não há confiança para partilhar mais. E a curto prazo? Uma relação profunda não tem de ser bilateral a curto prazo. Pode haver abertura de um lado só porque há interesse do outro, criando uma transferência de informação unilateral. Estás curiosa por saber quanto dinheiro é que as pessoas da tua idade têm acumulado, e então perguntaste à tua colega de trabalho. Ela sentiu a invasão de privacidade, mas respondeu-te porque sentiu que valia a pena investir em ti. Tu tiveste o interesse, logo vais ficar com a memória duradoura. Não partilhaste informação íntima com ela, pelo que a troca foi unilateral. A relação continua a ser profunda (a curto prazo) segundo a nossa definição, e ao partilhares de volta informação íntima tua estás a criar uma relação profunda a longo prazo.

Fechemos esta introdução às relações com um quadro resumo:

	Relação superficial	Relação profunda
Curto prazo	*Networking* *Colegas* Não cria memórias duradouras Transformar ou eliminar ☆	*Viagens* *Eventos únicos ou raros* Memórias duradouras e únicas Pode ser unilateral ☆ ☆
Longo prazo	*Networking* *Colegas* Não cria memórias duradouras Transformar ou eliminar	*Cara-metade* *Amigos* *Família* Memórias duradouras e únicas Maior quantidade de memórias Bilateral ☆ ☆ ☆

Relação entre profundidade das relações e o seu prazo.

O quadro acima resume o tipo de relações que podemos ter, suportando o argumento de que as relações profundas a longo prazo são as mais benéficas. Contrasta com uma relação superficial a longo prazo: consome o maior tempo e não cria memórias duradouras, pelo que é melhor eliminada ou transformada. *O teu tempo é melhor usado em relações profundas a longo prazo.*

Relações tóxicas

Uma relação é tóxica se for má para o futuro eu de algum dos envolvidos;

Consome recursos sem benefícios para uma das partes;

A longo prazo é mais difícil cortar uma relação tóxica porque tende a haver mais correntes.

Vamos começar por ver que tipos de relações existem do ponto de vista da toxicidade: uma relação pode ser tóxica ou simbiótica, ambas a curto e longo prazo. Uma relação simbiótica é boa para ambos, pois os seus futuros eus prezam a sua existência; uma relação tóxica é o contrário disso: *má para o teu futuro eu*. Quando tentamos categorizar uma relação, existe subjetividade associada: para mim pode ser tóxico ter um amigo que reage de forma positiva a todas as minhas ideias, porque procuro feedback contraditório; para ti pode ser ideal, porque te motiva a agir. Independentemente da forma como avalias a toxicidade de uma relação, se esta for má para ti a longo prazo é a pior maneira de gastares o teu tempo. Uma relação má para ti não só não te ajuda como te consome recursos, ainda que possa ajudar a outra pessoa. *Mais vale sozinho que mal acompanhado.*

	Relação superficial	Relação profunda
Boa para ambos / **Simbiótica**	🙂	😊
Má para alguém / **Tóxica**	😐	🙁

Relações simbióticas e tóxicas.

O assunto torna-se complexo quando uma relação é simbiótica a curto prazo e destrutiva a longo prazo: leva-te a investir recursos, e quando o conforto já causou inércia deixa de ser benéfica para ti ou ambos. É desconfortável e causa dilemas divorciares-te do teu marido quando já tens um filho com ele, porque a decisão está a afetar mais do que duas pessoas. A decisão de seguir um caminho diferente é tão mais fácil quanto menos correntes estiverem a prender a relação: quando tens uma amiga cuja relação foi benéfica para ambas durante anos, mas o paradigma mudou e nada te prende a ela, custa menos dizer adeus. Daqui também resulta que uma relação que passa de simbiótica a tóxica pode ainda assim ser positiva no final de contas, mas é muito mais fácil acontecer isso numa amizade. Mais uma razão para pensarmos a longo prazo nas nossas relações.

Namoros e casamentos

Falta de confiança na superação dos maiores problemas a longo prazo tem de ser resolvido hoje;

Uma relação amorosa tira-te da zona de conforto, melhorando-te a longo prazo.

A maior armadilha em que podes cair numa relação a longo prazo é *não teres confiança de que vocês conseguem superar os maiores problemas* que vão enfrentar no futuro, e ainda assim continuares com essa pessoa. É emocionalmente péssimo perceberes que escolheste o parceiro errado numa idade avançada, e teres que mudar algo tão importante; tão mau ou pior é *viver frustrado* com essa pessoa porque o conforto ganhou. Se sentes que algo vai ser um grande problema a longo prazo, assume que o problema existe hoje e conversa com ela. Pensar no assunto a longo prazo é uma peça essencial do puzzle: podes não ter filhos agora, mas talvez não vás gostar da forma como ela os vai educar.

As memórias que guardamos são as mais intensas e ajudam a sentir que valeu a pena viver; ajudam na realização pessoal. Para as construir *podemos fazê-lo sozinhos ou acompanhados.* O meu argumento é que há benefícios únicos para fazer parte do caminho com um parceiro ou parceira de longo prazo, porque as relações com a namorada são diferentes das relações com um amigo. Com o último, não tens de lidar com o desafio de viverem juntos, educarem filhos ou lidarem *diariamente* um com o outro e com os sentimentos de cada um. Quando não te adaptas ao ponto de vista de um amigo, podes simplesmente ser feliz com ele noutros momentos; quando não te adaptas ao ponto de vista da tua namorada, pode ser muito mais difícil de lidar: se gostas de beber e o teu amigo não, ele não precisa de lidar com a tua embriaguez; a tua namorada tem de lidar com a tua embriaguez todas as semanas, causando descontentamento do outro lado. *As relações implicam que certos pontos tenham de ser trabalhados* porque não podem ser evitados; as amizades são menos penalizadoras nisso. Se vires benefício no desenvolvimento pessoal, uma relação é a melhor forma de aprenderes rápido: coloca-te em situações que de outra forma não irias experienciar. Tira-te da zona de conforto.

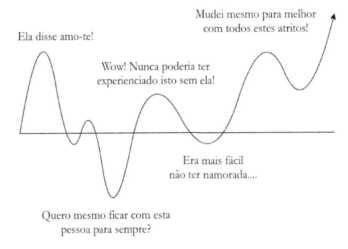

Banco emocional de uma relação amorosa.

De uma forma egoísta é bom estar numa relação, mas de uma forma mais altruísta também: o prazer de fazer a outra pessoa feliz é uma vitória para ambos. E de um ponto de vista intangível, há um sentimento único associado à construção de uma relação profunda. Uma relação é profunda quando sentes que a outra pessoa te conhece de formas que mais ninguém conhece; essa pessoa está presente nas tuas melhores memórias, porque viveste tantas com ela. Para perpetuar o desenvolvimento de uma relação é *necessário que haja trabalho pela frente.* Aqui vemos outra diferença entre uma relação e uma amizade: a amizade pode ficar em stand-by durante anos, e retomar como se nada fosse. Uma relação tem um prazo de validade assim que estagna. É um trabalho a tempo inteiro. Pensa a longo prazo sobre a pessoa com queres estar e fala sobre o futuro com ela, *para que nenhum de vós perca tempo.* Ainda assim não há garantias de sucesso, há apenas uma maior chance de tudo resultar. Intuitivamente sabes se queres ficar com a tua namorada a longo prazo, mas *intuição não é suficiente.* Onde pode haver grandes fricções até ao fim das vossas vidas? Ela quer ter filhos? Queres educar os filhos de forma diferente dela? Vão haver problemas com dinheiro, como discussão sobre grandes despesas? Estão de acordo com o local onde vão viver juntos? Quando forem viver juntos, vais estar disposto a abdicar de mais tempo para estar com ela? Queres ir viver para o estrangeiro e ela não? Estas são apenas algumas perguntas; cria as perguntas que se adaptam à tua situação específica.

O objetivo é despertar-te para potenciais atritos a longo prazo para que os resolvas já.

Amigos e colegas

Ter amigos liberta peso da relação e evita o desperdício de não partilhar certas experiências;

Uma amizade é menos trabalhosa que uma relação amorosa e pode ficar em stand-by;

Poucas amizades profundas têm mais benefícios do que muitas amizades superficiais.

As amizades são tão importantes como as relações, porque centralizar todas as tuas emoções e interações profundas com alguém é muito pesado para essa pessoa e *arriscado para ti*. É má gestão emocional. Imagina que essa pessoa desaparece da tua vida; vives o resto da vida sozinha, sem ninguém com quem partilhar a vida? Além disso, ter diferentes tipos de pessoas com quem interagir satisfaz mais necessidades: não é razoável para a tua namorada que ela tenha de ir contigo ver todos os jogos de futebol se ela não gosta de ir; um amigo que goste de futebol cumpre muito melhor essa função. O teu amigo vai gostar de ir com alguém que gosta de futebol, tu também, e a tua namorada pode fazer outras coisas que gosta enquanto isso. Ter várias amizades é *optimizar a felicidade* da rede de pessoas com quem interages.

Amizades que não se vão prolongar a longo prazo não são necessariamente tempo perdido; podem ser vistas como capítulos de um livro, particularmente se forem intensas. Ainda assim, é importante ter amizades a longo prazo pelos benefícios de uma relação profunda. Já vimos que uma amizade não substitui totalmente uma relação com um namorado ou namorada (são tipos de relações diferentes), é antes um óptimo complemento. Com quem é que vais desabafar o que está a acontecer na tua relação amorosa? Um amigo tem uma perspetiva diferente do que a dos envolvidos. Com quem é que vais fazer aquela viagem que ela não quer fazer? Pegas num amigo e vais. Podias também fazer a viagem sozinho, e por vezes é o que precisamos: cria memórias mais intensas e/ou gera mais frutos futuros. Ainda assim, passar demasiado tempo sozinho tem desperdício associado porque poderias ter criado interações com outras pessoas: quando viajas com outra pessoa partilham pontos de vista, multiplicando o tempo. Se partilhares tudo o que viveste com outra pessoa, essa pessoa viveu o tempo dela e o teu, e vice-versa. Significa que quando vives uma experiência com alguém, 1+1 é igual a 4. Imagina que viste a paisagem mais bela numa viagem que fizeste sozinho, mas nunca contas a ninguém. Se essa paisagem não se refletir nas tuas interações com outras pessoas, como por exemplo uma maneira diferente de pensar ou agir, é como se nunca tivesse acontecido; só transpirar a experiência ou a energia associada para quem está à tua volta vai efetivar o acontecimento. *Não partilhar é um desperdício.*

Uma amizade profunda não é leve em recursos porque leva muito tempo a construir, mas continua a ser um investimento menor do que uma relação amorosa: tem menos correntes possíveis, como casas, créditos, casamentos e filhos. Acima de tudo, uma amizade tem uma vantagem enorme face às relações: *pode ficar em stand-by* durante muito tempo; anos, por vezes. É uma particularidade deste tipo de relações, que serve como incentivo para as criar.

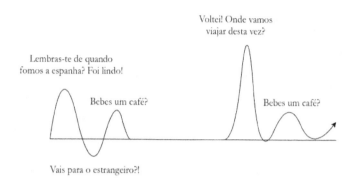

Retomar uma amizade em stand-by: banco emocional ao longo do tempo.

As maiores amizades requerem uma grande *quantidade de interações*, beneficiando do tempo que o longo prazo traz. Uma relação superficial é mais fácil de construir e destruir; tem também menos benefícios para ambas as partes, porque não gera interações tão profundas. Esta é a importância de pensar a longo prazo nas amizades. Preferes conhecer superficialmente cem mil pessoas ou profundamente três pessoas? As interações superficiais não preenchem espaço emocional permanente, vão e vêm se nunca forem transformadas. Se o Justin Bieber cantar para cem mil pessoas vai certamente mudar o caminho de muitas delas, gerando ação com emoção. Ainda que cause todo este impacto, ele próprio só vai beneficiar emocionalmente se os fãs interagirem com ele de uma forma significativa. Podemos argumentar que por ele afetar tantas pessoas tem mais oportunidades de criar uma relação profunda, ou pelo outro lado que por ser uma celebridade se torna mais difícil de criar uma relação real. Onde quero chegar é que *muitas relações superficiais não trazem necessariamente realização a longo prazo*. Esta conclusão leva a que pensemos bem com quem queremos passar o nosso tempo emocional, se quisermos os benefícios de uma relação profunda; o nosso tempo é limitado, obrigando-nos a fazer escolhas.

O impacto enorme da família

A família é quem tem o maior efeito a longo prazo em ti; este difunde-se com pensamento independente;

A família dá-te acesso a vivências íntimas, permitindo aprender lições únicas;

Podes aprender sobre ti olhando para o comportamento da tua família.

A família desempenha um papel quase determinante na nossa personalidade; são quem recebe a maior quota de interações na primeira fase das nossas vidas; este pódio é eventualmente substituído pela cara metade. Dado que eles têm impacto em nós desde o nascimento, têm o *maior efeito a longo prazo em ti*. Quando começamos a pensar por nós de uma forma consciente e profunda, já levamos um escola inteira de ideias: algumas instruídas pela família, outras através de vivências na escola e atividades extracurriculares. Aquilo a que os teus pais dão atenção tem um efeito direto em ti: se o teu pai gosta de futebol, vais no mínimo saber o que é. Se a tua mãe te ensina a poupar desde pequena, passas a ter consciência que poupar é uma possibilidade. Se os teus pais se tratam mal um ao outro, aprendes que nem tudo é um mar de rosas. A família com que nasces *determina largamente* o espectro de possibilidades da tua criatividade e pensamento, e as crenças mais fortes deles tendem a trespassar para a tua personalidade. Uma família que leva os filhos a experimentar muitas atividades e/ou viajar a muitos locais está a aumentar exponencialmente os caminhos que estes podem seguir. Acelera-lhes o processo de descobrirem o que gostam e não gostam, para que vivam uma vida mais alinhada com os seus futuros eus. E porque a tua família é a tua maior fonte de estímulos enquanto pequena, *constrói a tua personalidade em função daquilo que eles te mostram ou não*, e da forma como agem. A família tem um papel vital nas nossas vidas, *que se vai difundindo* com o nosso pensamento consciente. Quanto mais pensas por ti, menos influência os outros têm.

Há vários benefícios a longo prazo em pensarmos sobre a família, sendo o primeiro e maior os benefícios de uma *relação profunda*. A família é uma mistura de relação e amizade, onde inicialmente somos praticamente forçados a lidar com a vida e ideologias dos nossos pais, até que estejamos prontos para sair de casa e ganhar asas; nessa altura, deixa de haver a obrigatoriedade de lidar com a relação deles. A família tem o maior potencial de relação profunda: conheces a intimidade destas pessoas tanto ou mais do que a tua cara-metade, e passas muito mais tempo com elas do que com qualquer outra pessoa nas primeiras décadas da tua vida. Quando lemos este livro já levamos uma relação com a família de muitos anos; é geralmente íntima e cheia de interações, e portanto a relação é profunda. A decisão a tomar é: há alguém na minha família em quem quero investir mais do meu tempo, no sentido de aprofundar a relação a longo prazo? E o contrário? Sim, há relações tóxicas mesmo dentro da família. Cortar uma relação tóxica tem benefícios a curto e longo prazo, construir uma boa relação tem benefícios a longo prazo.

O segundo benefício em pensar na família é *aprender com as ações deles*. O grau de intimidade elevado dá-te acesso a resultados muito específicos, permitindo que aprendas lições únicas. Por outras palavras, são lições muito difíceis e/ou custosas de obter externamente: podes aprender por experiência própria, mas para quê perderes tempo se consegues ver noutra pessoa o que acontece? Aprende com a tua família e *poupa uma enormidade de tempo* a longo prazo. Porque é que têm tanta pressa a comer? Porque é que não poupam? Porque é que não querem saber do natal? Porque é que se queixam tanto sem agir? Porque é que passam tanto tempo entretidos? Talvez comam rápido porque comer lhes dá prazer, não poupam porque têm muita necessidade de bens materiais, ou não ligam ao natal porque já não é novo para eles. Sejam quais forem as razões, estás a aprender com alguém que não só tem muitos anos de vida como te dá acesso a um ponto de vista raro (íntimo). Já imaginaste se tivesses que aprender tudo por ti? Se só aprenderes a tratar bem a tua mulher depois dela te deixar, perdeste milhares de horas desnecessariamente. Se os teus pais se separaram porque um não tratava bem o outro, pelo menos aprendes a não fazer igual. Dói muito chegares aos cinquenta anos e perceberes que o passado não foi aproveitado porque andaste em piloto automático; é preferível olhares para alguém próximo que o faça (família), perceberes os efeitos desse comportamento e mudares a tua vida com essa informação. Usa o tempo das outras pessoas a teu favor, aprendendo com elas; liberta-te inúmeras horas a longo prazo, assim como a frustração de errar. É como se estivesses a viver várias vidas em simultâneo, e cada uma das tuas personagens escolheu um caminho diferente.

Por fim, pensar na família ajuda a *percebermos as nossas próprias ações*. Perceberes as tuas ações evita que repitas certos erros ou comportamentos que consideras errados, poupando chatices contigo próprio e frustrações a longo prazo. Se te aperceberes que ages reativamente quando estás concentrado numa tarefa, eventualmente vais começar a conseguir antecipar essa reação de forma a evitá-la. E evitar essa explosão melhora as relações com as pessoas que de outra forma iriam sofrer com isso. Por isso, podes perguntar-te: porque é que eu tenho tanta aversão à autoridade? Porque é que eu gosto tanto de futebol? Porque é que eu tenho uma obsessão com manter a forma? Pode ser porque te deram muita liberdade enquanto pequeno, porque os teus pais vibram com futebol e porque eles não se preocupam com o corpo deles. Sim, há características tuas que são herdadas por causa da tua aversão a certos comportamentos deles; manter a forma é só um exemplo. Talvez sejas mais mãos largas que eles, porque eles têm o hábito de poupar mas nunca consomem; poupar sem eventualmente gastar é inútil.

Networking

As relações de networking são superficiais por natureza, por serem de interesses;

Aprofundar estas relações traz benefícios únicos a longo prazo.

Quando fazes networking há um contrato implícito em que um vai lavar a mão do outro, sendo uma *relação de interesses* por natureza. Apesar de todas as relações serem de interesses, esta é criada com este propósito; este pequeno pormenor põe o networking numa categoria única. Tu precisas de um programador para o teu website, eu preciso de um contabilista, e cada um de nós vai à nossa rede ver como consegue ajudar o outro. Tu gostavas de aprender mais sobre como os frutos são colhidos, e comentas essa intenção com a tua amiga. A tua amiga tem uma colega cujo pai tem uma empresa de embalamento de fruta, e põe-vos em contato. Repara que ambos os exemplos começam com um interesse; uma amizade, em contraste, pode ou não ter uma razão para existir: os amigos que conheceste na escola ou no trabalho foram fruto de circunstâncias naturais, não artificiais. De notar que qualquer relação tem sempre uma razão para persistir, seja de que tipo for. A profundidade de uma relação de networking está condenada desde o início, sabendo a comercial em vez de orgânico. Usando o quadro presente na introdução deste capítulo, põe-nos do lado das relações superficiais. Outro aspeto particular deste tipo de relações é que os saldos dos bancos emocionais são óbvios, quando comparado com outros tipos de relações. As interações têm efeitos claros porque são facilmente identificadas como débitos ou créditos (ver banco emocional): ao pedires um favor, estás a debitar da conta vossa emocional; do lado dele há um crédito, porque ele ganha saldo para te pedir favores no futuro.

Este tipo de relações são assim egoístas mas boas para ambos. A longo prazo, está no teu melhor interesse *transformares estas relações* superficiais em relações profundas. Após algum pensamento decides que o teu objetivo de vida é trabalhar na Alemanha para uma grande farmacêutica; decides partilhar a ideia com as tuas amigas mais próximas, em parte para saberes se elas conhecem alguém que te possa ajudar. As tuas amigas percebem que tu estás a investir todo o teu esforço nesta aventura; vão por isso falar com os pais, tios, outros amigos e ainda alguns conhecidos, para saber se há alguém que viva na Alemanha e/ou trabalhe numa grande farmacêutica. Imaginemos que uma destas amigas tem uma mãe que trabalha na indústria, e a mãe por sua vez tem uma amiga a trabalhar nessa farmacêutica. A tua amiga fala com a mãe, a mãe liga à sua amiga, e ela vai falar com as pessoas certas. Dois dias depois, ela diz que tens uma porta aberta para trabalhar lá, e que a amiga da tua mãe te acolhe em casa nos primeiros tempos. Agora imagina toda esta situação, só que em vez de falares com as tuas amigas falas com uns colegas de networking que conheceste num pequeno almoço organizado. Achas que eles vão tão longe por ti? Dificilmente. Se eles não conhecerem alguém diretamente na Alemanha a trabalhar para uma farmacêutica, não vão dar o passo extra por ti. Nós somos muito mais generosos com o nosso tempo quando alguém próximo está genuinamente a tentar conseguir algo; damos o passo extra. Significa que *aprofundar as relações melhora a eficácia destas,* inclusive no networking.

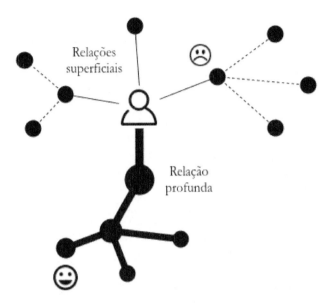

As relações profundas de networking têm mais alcance.

Para conseguires aprofundar as tuas relações, é útil concentrares os esforços nas pessoas certas: se durante dez anos fizeres um favor por mês a alguém diferente na tua network, fizeste cento e vinte favores a cento e vinte pessoas diferentes, que te ficam a dever um favor. Por outro lado, se fizeres doze favores a dez pessoas diferentes ao longo de dez anos, são cento e vinte favores feitos a dez pessoas diferentes. Criaste uma relação muito mais profunda ao concentrar os esforços, logo elas vão correr mais por ti e tu por elas. Se escolheres as pessoas certas em quem *concentrar o teu tempo* estás a construir melhores resultados. O melhor de dois mundos é um híbrido entre relações superficiais e profundas: interages de forma superficial com muitas pessoas, para teres mais opção de escolha quando quiseres aprofundar as relações.

Se concentrar é boa ideia, surgem as questões: em quem concentrar? Qual o critério? Independentemente das pessoas escolhidas, há um requisito obrigatório: ambas as partes têm de ter a intenção de aprofundar a relação; desta forma, garantes os benefícios do networking com relações profundas. Para escolher as pessoas que te vão ajudar no teu caminho específico, há duas características que devem ser privilegiadas: alguém diretamente envolvido nas áreas onde tens dificuldades, e/ou alguém com uma rede enorme de contatos. Se estás a criar um conceito novo para um restaurante e tens dificuldades na decoração do espaço, alguém que decore interiores de espaços comerciais é obviamente benéfico. O Bill Gates pode nunca ter criado um negócio de restauração como o que queres criar, mas garantidamente consegue chegar a alguém especialista em decoração de interiores, dada a vasta rede de contatos.

5

Pensar a longo prazo em trabalho

"Tens dormido bem?", pergunta a colega ao ver as olheiras. "Não... é por causa do lay-off", diz a Marta à colega de trabalho. A pandemia abalou o negócio que já sofria, e a Marta já está há vinte e cinco anos com a empresa. "Pois...", responde a colega de vinte e nove anos sem perceber a dor, que já tinha ido a duas entrevistas de emprego antes do lay-off; para ela, era altura de mudar de qualquer forma. "Vou procurar um trabalho novo com cinquenta anos? Quem é que me vai pagar 1500€ para fazer o que eu faço aqui? Já ninguém trabalha desta maneira... Reformo-me mais cedo? Como é que eu vou viver com 800€? Como é que vou continuar a pagar a universidade às minhas filhas?", pensa a Marta no conforto da sua cadeira.

Conforto faz com que não mudes de emprego, perpetuando a insatisfação no trabalho;

Ganhar um salário baixo limita as tuas opções e aumenta a dependência do empregador;

A curva de aprendizagem é usada para definir o prazo de validade de um emprego.

A maior parte dos adultos passam quarenta horas semanais no trabalho. É um terço da tua vida adulta útil[11]! É essencial alinhares os teus interesses nesta área, porque o peso dela na tua vida é enorme. De uma forma geral, todos precisamos de trocar tempo por dinheiro em algum ponto das nossas vidas; principalmente à entrada no mercado de trabalho. Aqui também o conforto tem um papel importante, porque fazer uma atividade que não gostamos *durante tempo suficiente torna-se tolerável* a longo prazo. "Eu não gosto de trabalhar aqui, mas dá-me estabilidade financeira", "preferia estar noutro lado, mas agora tenho

---

[11] Um dia útil tem dezasseis horas (oito horas de sono), logo uma semana tem 112 horas. Um trabalho de quarenta horas por semana consome $40/112 = 36\%$, pouco mais de um terço do teu tempo útil.

outras prioridades", "há trabalhos piores", "há coisas mais importantes na vida do que trabalho/dinheiro". São frases que dificilmente vais ouvir da boca de alguém porque admitem preguiça ou erro de decisão, embora passem pelo consciente de muitos. O primeiro benefício de pensar a longo prazo no trabalho é então evitar que um terço da tua vida útil *seja apenas trocar tempo por dinheiro.*

O argumento "há coisas mais importantes na vida do que trabalho/dinheiro" é verdade. Podes viver uma vida preenchida a ser mão de obra não especializada: trabalhar pelo salário mínimo uma vida inteira não te impede de teres relações profundas e ricas em felicidade, ou até de mudares a vida de uma forma significativa a muitas pessoas. Podes ser auxiliar de saúde num lar e teres um impacto desproporcional ao seu salário; a quantidade de interações com os clientes do lar tem potencial para criar relações profundas e enormes fontes de felicidade, já que muitos idosos precisam de companhia. Tal requer sem exceção gostar muito do que se faz.

Quer isto dizer que o dinheiro não interessa? Diz isso à auxiliar do lar que tem de garantir a comida, prestação do crédito habitação, despesas gerais como transporte, água e luz, e ainda suportar a educação e desenvolvimento dos filhos. E há situações mais graves de custos que podem gerar situações catastróficas, como não conseguir tratar a saúde por falta de dinheiro. Nem sempre o cônjuge ou a família tem poder financeiro para compensar esta situação, e nem sempre existe uma riqueza acumulada da geração anterior. Significa então que, mesmo numa situação ideal em que a pessoa ganha o salário mínimo e adora o que faz, *o salário mínimo restringe a felicidade* e evolução desta família em vários níveis: não ter dinheiro para meter ambos os filhos na universidade, ter que alimentar a família com produtos de menor qualidade, não poder dar a conhecer e conhecer novos locais viajando, ou por fim e mais importante: *ficar dependente do empregador* e/ou outras fontes externas. Não interessa o quanto gostas do teu trabalho, se ganhas o salário mínimo tens mais dificuldade em poupar. Sem um pé-de-meia, é mais difícil mudar de emprego; obriga-te a procurar trabalho sem deixar o emprego atual e traz riscos financeiros no caso de ocorrerem despesas inesperadas. Pode ser por exemplo um carro que avaria, ou um filho que precisa de aparelho. Se não consegues poupar, *é bom que o empregador não te despeça*, que o estado te dê a reforma que prometeu ou que recebas aquele dinheiro no teu aniversário para poderes viajar este ano.

Todos estes problemas hipotéticos são incentivos para ganhar mais dinheiro e ultrapassar a barreira da restrição à poupança; já sabemos que não tendem a resultar em ação, porque não agir só tem efeitos graves a longo prazo. Pensa na dor emocional que é quereres meter o teu filho nas explicações ou inscrevê-lo no futebol, mas não conseguir porque tens que pagar a reparação do carro. Estás entre a espada e a parede: ficar sem carro é ficar sem emprego, que é mais grave do que dar o melhor ao teu filho; *as tuas opções estão limitadas.* Agravante é uma pessoa que ganha o salário mínimo não gostar daquilo que faz. Se eu adorar o que faço, pelo menos tiro realização e felicidade do trabalho, ainda que correndo grandes riscos financeiros.

Resumindo: para quem gosta do que faz e ganha o salário mínimo, os maiores riscos são dependência do empregador, despesas inesperadas e custo de oportunidade como não poder ajudar tanto os filhos. Se recebes o salário mínimo e não gostas do que fazes, tens todos os problemas anteriores e ainda um *custo de oportunidade enorme:* são oito horas por dia que não contribuis para a felicidade do teu presente nem futuro eu. Estás a mandar um terço da tua vida útil fora. *É um terço suicídio.*

Andre Jorge

Inclina a curva de aprendizagem

A curva de aprendizagem é quanto aprendes por cada dia de trabalho;

Uma curva de aprendizagem pequena sinaliza conforto, e contrariá-la é benéfico a longo prazo.

Em vez de te acomodares, pensa no conceito de curva de aprendizagem: a relação entre o tempo investido no teu trabalho e a aprendizagem que dele resulta. Maximizamos a evolução profissional e pessoal quando aprendemos muito e rápido; se tens interesse em ser melhor numa destas duas áreas, agir em função da curva de aprendizagem faz sentido.

Imagina que vais trabalhar para uma caixa de supermercado hoje. A primeira semana é a mais intensa: aprendes a usar o software, tens o primeiro contato com os clientes e conheces a equipa. No final do primeiro mês, todas estas fases estão consolidadas; as aprendizagens do dia a dia vêm quase exclusivamente das interações com

110

equipa e clientes. Por outras palavras, o grosso do trabalho está aprendido. A curva de aprendizagem existe, mas está muito menos inclinada do que no primeiro dia. Para *voltares a inclinar a curva de aprendizagem*, há que fazer uma de duas: evoluir dentro da empresa, ou mudar de emprego. Por exemplo, sugerir uma alteração no processo ou pedir para conhecer uma área nova são formas de evoluir dentro da empresa. Alguém com este mindset está *condenado ao sucesso porque traz valor ao empregador*. Imagina contratares alguém para repor stock no supermercado, e em adição receberes uma mente proativa que quer melhorar a empresa tanto como o dono.

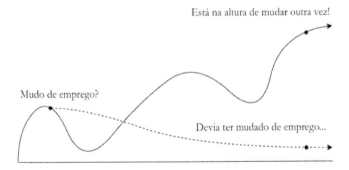

Curva de aprendizagem: mudar de emprego vs. não mudar.

Continuando com o exemplo anterior, suponhamos que os teus superiores não gostaram da tua ousadia e te convidaram a sair da empresa; foste mais ambicioso que eles, e eles gostam mais de conforto. Pegaste nas poupanças que tinhas para suportar a procura de um novo trabalho e encontraste um trabalho alinhado com o teu futuro eu: supervisionar uma linha de produção industrial. Conheceste a equipa e as máquinas num mês, mas ainda não te adaptaste completamente; sempre que há uma mudança de produto na linha de produção há um problema novo no arranque da linha. Desta vez a curva de aprendizagem demora um ano a ter um crescimento residual, em vez de um mês como no supermercado. Já viste a maioria dos problemas que foste pago para resolver; ficas por aqui? Não! Precisas de inclinar a curva de aprendizagem de novo.

A conclusão é que *trabalhos indiferenciados têm uma curva de aprendizagem mínima*, e como tal merecem um prazo de validade curto para uma pessoa que quer evoluir pessoalmente e profissionalmente. O operador de caixa que não pensa na sua vida a longo prazo fica confortável com uma curva de aprendizagem baixa e tende a preferi-la; o operador de caixa que pensa a longo prazo parte para a próxima aventura, e a próxima, e a próxima. Aprende mais sobre os seus gostos e fica cada vez melhor posicionado para assumir mais responsabilidade, *recebendo mais dinheiro por isso*. Por causa de se conhecer melhor, sabe melhor o que o seu futuro eu quer. Vive uma vida que encaixa perfeitamente nele.

Por trás do teu salário há um negócio

Saber a tua posição no negócio da empresa reduz surpresas, desgostos e frustrações a curto e longo prazo;

Quanto mais dependente estiveres da empresa onde trabalhas, mais importante é perceber o negócio dela;

A empresa onde trabalhas e o tipo de trabalho que fazes tem impactos a longo prazo.

Quando começamos a trabalhar não levamos connosco o ponto de vista do dono do negócio; trocamos tempo por dinheiro, sem nunca pensar de onde o dinheiro vem. Isto acontece porque mais uma vez não somos educados a fazê-lo. Chegas à empresa, aprendes o que eles te ensinam, executas e no final do mês tens um salário. Como é que esta empresa tem dinheiro para te pagar? De onde vem este dinheiro? Porque é que eu tenho de ir ter com estas empresas para ganhar dinheiro? O que é que eles têm que os clientes querem comprar? Pensares na máquina que gera o dinheiro, quem está a geri-la e o valor que trazes ao negócio tem grandes implicações a longo prazo: *menos surpresas, menos desgostos e menos frustrações.* Por outras palavras, evita dificuldades inesperadas em arranjar um novo emprego, a surpresa de ser despedido, salários injustos e trabalhar para alguém que não mereça o teu tempo.

Invariavelmente, pensar no negócio da empresa onde trabalhas é *tanto mais importante quanto mais dependente estiveres dela*, pois quanto mais dependente estiveres da empresa pior vai ser se te despedirem. E, mesmo que não o façam, se estiveres dependente da empresa tens menos margem para negociar um salário melhor. Como ficar dependente de uma empresa? Uma forma é através da *má gestão de finanças pessoais:* ficar numa situação financeira grave por não ter salário, devido a despesas excessivas e/ou falta de poupanças. Podes ainda ficar dependente da empresa do ponto de vista do negócio, isto é, *se as tuas competências não forem transportáveis:* se a empresa onde estás funciona de uma forma muito particular, podes ser vital na empresa onde estás mas inútil noutra. Pensa por exemplo numa empresa onde a pessoa que faz as compras de matérias primas tem apenas o trabalho de ligar aos fornecedores, que são amigos do patrão; esta competência é inútil numa empresa que tem um processo de compra frio e standarizado, com múltiplos fornecedores para promover competição de preços. Ser despedido numa posição destas pode ser um perigo real e grande. A longo prazo, esta dependência é cada vez mais grave: *as pessoas mais velhas tendem a ser menos valorizadas*, com a exceção daquelas que têm experiência transportável. Concluindo: pensa no nível de dependência do teu empregador do ponto de vista pessoal; depois, pensa também do ponto de vista do negócio: o que eu faço é transportável para outras empresas?

Pensares no negócio para o qual trabalhas ajuda a descobrires o teu valor justo. Uma diferença de 100€ líquidos mensais são mais de 65000€ ao longo da tua vida[12]! Não receberes um salário adequado ao valor que geras significa que *alguém pode estar a ficar rico à tua custa*. Além do dinheiro que podes estar a mandar fora, um trabalho de oito horas diárias e cinco dias por semana ocupa-te 1700 horas por ano! Experimenta parar tudo e ver três minutos passar no relógio; uma hora é fazer isso

---

[12] Assumindo um trabalhador por conta de outrem (recebe 14 salários por ano), com 47 de descontos: $100 \times 14 \times 47 = 65800$€.

vinte vezes, que dói o suficiente, e 1700 horas são trinta e quatro mil repetições! Pensar no negócio por trás do teu salário é um lembrete de que alguém está a lucrar com os milhares de horas que trabalhas. Para o evitar, precisas de saber: quanto é que vales? O teu salário justo é determinado por vários fatores: o tipo de trabalho que fazes, a tua performance individual e empresa para quem trabalhas.

Vamos começar pelo tipo de trabalho feito. Se és a pessoa que monta peças numa linha de produção, o teu emprego está em risco a toda a hora: qualquer pessoa o pode fazer, o número de posições vai ser reduzido em tempos de crise e, acima de tudo, este trabalho *é um custo que a empresa preferia não ter*. Montar uma peça não tem valor adicional se for feita por um humano, pois basta cumprir os requisitos mínimos; simplesmente o humano ainda é melhor a montar a peça do que um robô. Melhor significa trazer mais lucro à empresa a longo prazo. Se o dono da empresa conseguisse ter uma máquina que já saísse com a peça montada, melhor ainda; há pressão implícita para que o teu emprego deixe de existir. Não te deverá surpreender que um robô te substitua daqui a dez anos; só é surpreendente se não pensares no negócio da empresa. Se estás num emprego deste tipo a longo prazo *tens os dias contados na empresa*, mesmo que eles gostem muito de ti;

assumindo que não vais gostar de trocar tempo por dinheiro até te reformares, não quebrar este ciclo vicioso vai ser um problema: *quanto mais anos passares a ser mão de obra indiferenciada, mais provável é de o continuares a ser;* o conforto e o salário baixo são armadilhas a longo prazo, como já falámos anteriormente. O segundo problema de perpetuares um trabalho indiferenciado é não usares o tempo a teu favor: se trabalhares dez anos a montar peças, ao seres despedido nada te vai dar uma vantagem no próximo trabalho que procurares; não há competência para transportar. Sem ter competências, não tens salários melhores. *É deitar esse tempo todo para o lixo* no contexto profissional, a pior forma de trocar tempo por dinheiro possível. Além de não estares a usar o tempo a teu favor, ao trabalhares a longo prazo num trabalho indiferenciado podes acabar pior do que começaste: as empresas tendem a preferir pessoas jovens para posições indiferenciadas, porque além de terem regalias financeiras (primeiro emprego) também tiram vantagem da sua ignorância, pagando menos ou exigindo mais do que estipulado no contrato.

Já vimos as más consequências de certos trabalhos, portanto vamos ver o outro lado. O primeiro exemplo é o funcionário público, que tem muito mais estabilidade financeira do que um empregado do setor privado. O funcionário público pode esperar com mais confiança (menos surpresas) ter um salário ao final do mês, salário este que beneficia do fator tempo (carreira). Nem sempre é um mar de rosas ser um funcionário público, como ser colocado longe da residência ou ter a carreira congelada; falo apenas da segurança com que podes esperar um salário. Isto acontece porque a entidade que paga o salário não tem de competir com outras; nem sequer tem de lucrar ao final do ano.

Que outros tipos de trabalhos têm vantagens? Se o teu trabalho for recrutar pessoas, podes estar posicionado para mudar o futuro da empresa. Recrutar um excelente técnico é difícil: a oferta é escassa e requer vender a visão da empresa ao entrevistado; em troca, traz uma vantagem competitiva à empresa na forma de capital humano. Um exemplo mais óbvio de analisar é o vendedor: uma empresa só sobrevive se vender, logo o vendedor tem um papel vital no negócio. Ele é valioso para a empresa se se pagar a ele próprio e gerar lucro; por outras palavras, se for autossuficiente. Mais vendas, mais lucros para a empresa, mais ordenado; daí os vendedores ganharem comissões. Além de gerar vendas, o vendedor mede também o pulso aos clientes; é o primeiro a perceber a saúde do negócio. E quando a empresa não quer pagar o valor justo, o vendedor pode quase sempre mudar para a competição, levando pelo menos parte das vendas que gera. Há exceções, como quando a empresa oferece um produto sem competição, ou certas jurisdições com cláusulas de não competição. Onde quero chegar é que o tipo de trabalho pode ser melhor ou pior por natureza, com consequências para ti; é a diferença entre teres ou não poder na negociação de um salário justo. Quando souberes o valor que geras, tens informação para negociar.

A empresa para quem trabalhas também tem muita influência no teu salário: mesmo que sejas o melhor da tua área, uma empresa com uma determinada *cultura* ou em crise pode não o valorizar. Por estas razões, olhar para o negócio da empresa onde vais trabalhar é vital para o teu sucesso individual, pois afeta o teu salário. Do ponto de vista da cultura que a empresa tem, o mesmo trabalho pode ser visto como um custo ou mais valia: se o objetivo de um lar for apenas manter os idosos vivos, o auxiliar de lar é um custo; se o dono estiver a pensar na longevidade no negócio, o auxiliar é importante. O último sabe que um bom auxiliar de lar mantém o idoso feliz; estando feliz, tende a ficar no lar durante mais tempo, gerando mais vendas com os mesmos custos fixos. Além disso, idosos felizes espalham a palavra de um bom serviço, perpetuando o negócio a longo prazo. Um bom auxiliar pode custar mais 300€ por mês, mas se trouxer um cliente novo para o lar a cada três anos com o bom serviço que presta, paga o investimento num ano[13]. Se o cliente ficar no lar mais tempo do que isso, é tudo lucro. Se o lar for mais longe e criar uma equipa de bons auxiliares, pode cobrar mais aos clientes pelo melhor serviço, ganhando mais dinheiro; se tu contribuíres para este ciclo virtuoso, mereces ser melhor pago. Escolhe bem a empresa com quem trabalhas se queres ser pago de forma justa; uma empresa com as intenções erradas não te merece, *e mereces ser mal pago por alimentares essas intenções*. Este livro é para ti, jovem adulto; estás na melhor posição possível para não te acomodares com este tipo de situações.

Uma nota final sobre não te acomodares com a situação atual no trabalho: na maioria das empresas, as pessoas que querem evoluir vão ouvir críticas, quer pelos teus colegas de trabalho quer pela direção da empresa. "Estou a pagar-te para trabalhares ou para estudares a empresa?", "estás a meter o nariz onde não és chamada", "estás a querer saber de mais". Esta ousadia de querer saber mais do que te compete pode ser mal vista, passando por arrogância. Verbalizes ou não esses pensamentos, é importante pensares sobre o negócio que está por trás do teu salário, caso dependas do salário que te pagam e/ou

---

[13] Custo para o empregador: $300 \times 14 \times 3 = 12600€$. Retorno anual de um utente de lar: $1000 \times 12 = 12000€$.

vás passar algum tempo na empresa. Algum tempo é um termo subjetivo: um ano pode ser muito ou pouco tempo para ti, usa a escala temporal que achares adequada. Tem em atenção que muitas vezes nós não pensamos que vamos passar muito tempo na empresa, e depois o conforto acaba por tomar conta de nós.

6

Pensar a longo prazo na saúde

"Vou, mãe". Estacionaram no parque do centro comercial, como se fossem fazer as compras da casa. Como sempre, a mãe foi ligeiramente à frente e ela atrás, mas desta vez entraram no cabeleireiro em vez de no supermercado. A filha sentou-se primeiro para que lhe cortassem o cabelo. Saiu da cadeira para dar lugar à mãe, e a cabeleireira começou a cortar o cabelo dela. Foi nesta altura que a filha percebeu que era um momento importante para a mãe; sentou-se a imaginar as repercussões enquanto a cabeleireira trabalhava. "É injusto ela ter que passar por isto. Eu podia ter fumado menos", pensa a mãe. Minutos depois, a mãe levantou-se; pagou à cabeleireira, colocou o seu primeiro lenço na cabeça e voltaram para casa.

Saúde permite-te viver mais tempo, e tempo é útil para quem quer viver;

Por vezes a má saúde tem origem na preguiça mental. É uma espiral negativa, como a depressão;

Boa saúde requer ações a longo prazo e gera um ciclo virtuoso de movimento.

Pensar a longo prazo na tua saúde é primeiramente útil para que consigas viver durante mais tempo, permitindo fazer mais do que quer que seja; um padre tem mais tempo para espalhar a palavra de deus, um empreendedor tem mais tempo para desenvolver negócios, uma mãe tem mais tempo para estar com os filhos. Viver mais tempo permite aprender mais, conhecer mais locais, ter relações mais profundas (maior quantidade de interações) e ver mais da evolução do mundo, como novas tecnologias e novas formas de viver. Em segundo lugar, tem o benefício da auto estima: estar em forma aumenta o teu ego. Por fim, tem o benefício da redução de custos financeiros e mentais. Uma pessoa saudável a longo prazo gasta menos dinheiro em consultas, tratamentos e medicamentos; criou hábitos saudáveis que hoje já não requerem esforço mental para praticar, tais como racionar a comida e fazer exercício regular. Um vendedor está em constante movimento ao longo do dia, o que requer um certo nível de forma física. Se ele estiver em forma, movimenta-se mais rápido e não sente a fadiga física, permitindo-o visitar mais uma empresa que o vendedor desgastado. Uma empresa a mais por dia são centenas a mais por ano, que eventualmente se traduzem em conhecimento e resultados. Se sabes que ter saúde é bom, qual é o problema então? O problema é que *por trás de um físico preguiçoso está uma mente preguiçosa*, salvo patologias.

Comer tem consequências

Comer mal tem consequências visuais a curto prazo, e de saúde a longo prazo;

Uma dieta permanente gasta menos recursos emocionais e funciona a longo prazo.

Vamos começar por comparar uma perspetiva a curto e

longo prazo. Quando fazes uma dieta estás normalmente a fazer manutenção curativa, ou seja reparar um problema que já existe. Na tua cabeça tens peso a mais e precisas de perder alguns quilos para voltar ao normal, e uma de duas costuma acontecer: perdes os quilos que desejas e daqui a uns tempos voltas ao excesso de peso, ou não chegas a perder os quilos e ficas frustrada e menos encorajada a tentar de novo. Pode acontecer também uma adaptação mental, onde o peso que outrora consideravas excessivo é agora satisfatório. A raiz do problema está no pensamento a curto prazo; se pensares a longo prazo na tua saúde, vais agir de uma forma sustentável em vez de andares a apagar fogos. Imaginemos que comes um chocolate por dia que tem 20g de açúcar e 10g de gordura saturada, e queres cortar esta fonte de energia sem valor nutricional. Há duas opções: a primeira é cortar este doce por completo durante dois meses e, considerando que este chocolate tem 170 calorias, vais poupar o teu corpo de processar 10000 calorias no total. A alternativa é continuares a comer chocolate todos os dias, mas em vez de o comeres todo, cortas a quantidade para a quarta parte. Desta forma vais poupar 7500 calorias nesses dois meses, e saciaste todos os dias o teu desejo de comer chocolate. Mas o ganho real vem agora: porque continuas a comer chocolate todos os dias, este corte na quantidade de chocolate ingerido é algo que consegues manter durante mais tempo, e em vez de dois meses consegues fazê-lo durante um ano. Desta forma poupas 45000 calorias de uma forma sustentável. E quem faz isto durante um ano faz durante dez, ou uma vida inteira, porque *o mais difícil é criar o hábito*. Estamos de novo a jogar com a quantidade de ações que se acumula, quando fazes algo a longo prazo. Uma mente preguiçosa apaga fogos; uma mente proativa pensa a longo prazo, perguntando "consigo fazer isto para sempre?" e agindo hoje com base nesse pensamento.

Os efeitos estéticos de ter peso a mais são quase insignificantes, na escala de problemas que não pensar a longo prazo traz para a tua saúde. É muito mais grave ter dificuldades a subir um vão de escadas do que parecer mal aos olhos de alguns. Sobrepeso a longo prazo põe tensão extra nas tuas articulações e no teu coração; se eu te der um saco de ração de 20kg e te disser para andares todos os dias com ele, vai demorar pouco até começares a odiar o saco. O teu corpo também odeia o peso extra, porque precisa de trabalhar mais desnecessariamente. Está implícito que peso a mais é um desperdício para alguém que vive num país desenvolvido: a comida abunda neste mundo em que vivemos, para quê ter excesso de reservas? Sobrepeso obriga o teu coração a bombear com mais força para chegar aos mesmos sítios, e aumenta o desgaste nas articulações. A longo prazo reduz a esperança média de vida, e mais grave ainda a qualidade de vida. Quando trazer as compras do supermercado até casa passa a ser um treino, há um incentivo para ser ainda mais sedentária. É uma espiral negativa.

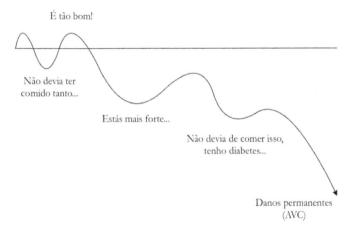

É tão bom!

Não devia ter comido tanto...

Estás mais forte...

Não devia de comer isso, tenho diabetes...

Danos permanentes (AVC)

Banco emocional de uma má alimentação e possíveis consequências.

O nosso corpo e a tecnologia aplicada à saúde são bons demais a aguentar e aliviar estes problemas, e isso leva-nos a desvalorizar os nossos maus hábitos alimentares. Contudo, achar que não fazer exercício ou comer mais do que necessário não tem consequências *é estares a mentir a ti própria*. Com certeza que há pessoas que percebem os efeitos a longo prazo dos seus atos, e estão confortáveis com isso; podem pensar que com cinquenta anos já não interessa estar em forma. Se esta pessoa tiver filhos, haverá tendência para que estes herdem os hábitos alimentares dos pais (ver secção: o impacto enorme da família). E aí, não interessa? Se a tua filha tiver sobrepeso, tende a mover-se menos. Experimenta menos atividades, pode ser discriminada, fica mais sedentária, interage menos com as pessoas. Onde quero chegar é *que quase nada de bom resulta de ter peso a mais;* e, se para ti não faz diferença, pensa em quem está ou vai estar à tua volta. Em contraste, estar em forma aumenta a tua auto-estima, forma física e energia, potenciando mais ação que por sua vez gera outros frutos. É um ciclo virtuoso.

Ainda sobre energia, pensa em toda a energia que gastas a contrariar o sobrepeso. Se agires a curto prazo, vais precisar de gastar recursos mentais em ciclos como foi referido anteriormente: peso a mais, contrariar com dieta, ganhar peso de novo, repetir. Vejamos a imagem abaixo:

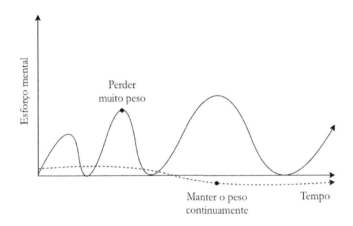

Perder e ganhar muito peso custa mais do que mantê-lo
continuamente.

Se agires a longo prazo criando hábitos que consegues
perpetuar, o custo de executar esses hábitos tende a ser
quase nulo ou até positivo com o passar do tempo.
Positivo? Sim, sentires-te bem com a tua forma física ou
disciplina, por exemplo. Significa que contrarias o peso
permanentemente com menos esforço, porque um esforço
mínimo contínuo gasta menos energia mental do que
ciclos mais intensos, que acabam por também ser
contínuos. Infelizmente não há um comprimido para
pensar assim, apenas comprimidos para perderes peso
rápido.

Movimento gera movimento

> Fazer exercício regular gera mais ação, com efeitos enormes a longo prazo;
>
> Exercício a mais ou feito da forma errada é tão mau como não fazer;
>
> Intensidade no exercício tem benefícios para a saúde e cria resiliência mental.

Entramos na segunda componente de um corpo e mente saudáveis: exercício. A prática de exercício partilha muito com uma boa alimentação: melhor auto estima, mais energia e performance física. E também já vimos que não é preciso ser atleta para beneficiar de uma boa forma: movimento é importante para qualquer pessoa porque potencia mais ação; a premissa é que *movimento gera movimento*. As depressões são exemplos do inverso: o emocional de uma pessoa depressiva desincentiva a ação, e a falta de ação reforça o estado; é uma espiral negativa. Do outro lado, quando fazes exercício estás a ligar o carro e a prepará-lo para começar a andar, em vez de ficares fechado em casa. *É suposto dar energia à tua mente, não retirar.* Quando começas o dia com exercício já tiveste a tua primeira vitória; estás ligado. Se vais trabalhar sem fazer exercício ou outro estímulo semelhante, estás a ligar o motor do teu cérebro em plena corrida, a vencer a inércia quando já devias estar em alto rendimento; em vez de pensares "estou cheio de sono, isto vai custar", podias estar a pensar: "já fiz tanto esforço esta manhã, comparado a isso esta tarefa é fácil".

Banco emocional de alguém que desiste de fazer exercício físico.

Pensando a longo prazo, uma pequena vantagem como incentivar o movimento tem um *efeito enorme quando repetida durante décadas.* A preguiça de não fazeres o esforço extra todos os dias resulta num oceano de diferença entre quem faz mais e quem não faz, mesmo que quem faça mais seja menos eficiente! Se fores obrigado a apostar no sucesso de uma de duas pessoas, vais escolher alguém que está constantemente em ação ou alguém que tem melhor formação e rendimento, mas que não tem propensão para agir? Se tiveres uma empresa, preocupas-te mais com a competição que está constantemente a pensar e agir, ou com a competição que está confortável na sua posição? Quem age constantemente experimenta mais, aprende mais, tem mais informação sobre si para dar um próximo passo alinhado com o futuro que imagina. E fazer exercício traz essa vantagem competitiva: *propensão para agir*. Movimento gera movimento.

Exercício pode ser feito de muitas formas. O mais importante é encontrares um exercício que gostes de praticar, para que consigas fazê-lo durante toda a vida se quiseres. Por exemplo: se gostas de nadar, não faz sentido fazer os exercícios que vês nas redes sociais, ou aqueles que as tuas amigas fazem para se manterem em forma; divertes-te mais a nadar e, como custa menos pouco ou nada emocionalmente, manténs a forma a longo prazo. Se gostas de brincar com a tua cadela, passeia com ela; ela agradece e tu fazes exercício. Andar 1 km por dia a pé (quinze minutos) durante dez anos perfaz 3500 km!

Imagina se tivesses de andar toda essa distância de uma vez, impensável.

Banco emocional de alguém que gosta do exercício que faz.

Neste livro vamos apenas focar-nos em exercício de alta intensidade. Além de ser o meu preferido pessoalmente, também acredito ser benéfico de formas que o exercício de baixa intensidade não consegue. Exercício que não requer esforço não põe o teu corpo à prova, numa situação de stress induzido. Quando fazes um sprint ou levantas um grande peso, o teu corpo fica num estado de alerta; é obrigado a usar todas as ferramentas que tem para responder ao estímulo. Requer ativar todos os tipos de fibras que tens, pôr o teu coração a bombear sangue agressivamente e perseverança mental para perdurares a dor. Quando fazes exercício de alta intensidade com regularidade estás a elevar a barra ao teu corpo, fazendo com que a atividade normal do dia lhe seja indiferente. Estás a usar as reservas de energia dos músculos e a manter o teu corpo sensível à ação da insulina (Bird & Hawley, 2017); se não usares periodicamente as reservas dos teus músculos, quando comeres hidratos de carbono não vai haver sítio para os armazenar e o teu corpo vai ter que os transformar em gordura. Intensidade mantém este e outros sistemas saudáveis, para que o teu corpo responda da melhor forma a estímulos físicos e a alimentos ingeridos. A longo prazo, vives mais e melhor.

Tão importante como a parte física é a parte mental: intensidade é uma batalha mental em que o teu cérebro está a colaborar com o teu corpo para que pares de te massacrar, e no entanto tu continuas a abusar de ambos construindo resiliência mental e física. A longo prazo esta resiliência tem efeitos reais: *a teimosia de dar o passo extra* é transportável para todas as tuas ações e pensamentos. Uma pessoa resiliente consegue fazer uma maior quantidade de trabalho, que por sua vez abre o leque de caminhos que esta pessoa pode seguir. O fundador de uma empresa de sucesso sabe o quão difícil é fazer esse caminho; para ele, criar uma nova empresa é difícil e requer em parte sorte, mas é totalmente possível. O fundador sem resiliência tentou algumas vezes mas desistiu antes de ter sucesso, e agora não acredita que é possível construir uma grande empresa. Não foi teimoso o suficiente. Fazer exercício ajuda com a resiliência.

Há ainda que referir que existem excessos de exercício. Podemos argumentar que se te condenas mentalmente a fazer exercício depois de comer algo, tens uma obsessão com manter boa aparência e/ou saúde; nenhuma refeição isoladamente tem efeitos a longo prazo. Ainda assim, se manter a tua aparência e/ou saúde te faz feliz, qual o problema? Quem faz exercício a mais ou da forma errada tem algo muito mais importante com que se preocupar: *danos físicos a longo prazo*. Quando corres uma maratona por semana, ou fazes um agachamento com tanto peso que sacrificas a boa forma na execução, estás claramente a trocar saúde física a longo prazo por prazer ou resiliência mental hoje. Fazer exercício com má postura ou em demasia para manter a forma, mas ter dores permanentes de costas daqui a vinte anos, é pedir um empréstimo à felicidade futura para gastar hoje; é um comportamento negativo como um todo, se virmos a história desde o início até ao seu final. Pensa numa senhora idosa que se queixa constantemente das costas porque viveu em trabalho árduo, por exemplo devido à agricultura. Ela quer sair de casa para ir caminhar ou tratar das suas flores; mas, cada vez que coloca as costas numa certa posição, sente uma picada aguda que a obriga a parar. Consequentemente, tem de ser mais sedentária do que gostaria. Possivelmente ela não teve grandes hipóteses de fazer um caminho diferente. Tu, por outro lado, estragas o teu corpo porque queres. *Não fazer exercício é péssimo, fazer exercício a mais é péssimo, fazer algum exercício é essencial.* Estás a ler estas palavras e podes querer que te vais condenar por não teres agido se sentires os problemas físicos daqui a trinta anos; a partir de hoje já não tens a desculpa da ignorância, agravando a falta de ação.

De certeza que andas a dormir bem?

Fazemos dezenas de ações inconscientes que afetam negativamente o nosso sono;

Dormir mal deixa o teu corpo num estado de alerta permanente, afetando a saúde a longo prazo.

Se o trabalho está no pódio das atividades que mais tempo consomem, o sono é o vencedor; passas um terço da tua vida a dormir. Percebe-se porque é que quem está apertado de tempo dorme menos: é uma forma fácil de ganhar uma hora, ainda que os malefícios sejam imediatos (ter sono). Outras pessoas abusam inconscientemente do tempo designado para dormir, simplesmente devido ao seu estilo de vida: sair à noite no sábado e ter de acordar cedo no domingo, ficar a ver uma série tempo demais e ir dormir mais tarde, ou ainda fazer uma direta. Não faltam razões para abusar do sono, e também não falta informação sobre os efeitos desses comportamentos; o problema é que temos de ser nós a procurá-la. Há livros dedicados à importância do sono. O assunto é complexo e ainda não completamente entendido, particularmente o papel dos sonhos. Ainda assim, já muito foi estudado e permite que alguém curioso se auto eduque. E tal como na gestão de dinheiro, a escola falha de novo em educar algo tão importante. Se quiseres aprofundar o tema sono recomendo vivamente o livro "Why We Sleep" de Matthew Walker; explica o que acontece quando dormimos, e argumenta que dormir é ainda mais prioritário do que alimentação e exercício, porque dormir mal é bem pior do que comer mal ou não fazer exercício.

O primeiro problema é que nós muitas vezes não *nos apercebemos de que certos problemas são causados ou agravados pela falta de sono*: três noites completas de sono não são suficientes para compensar uma semana de sete horas de sono em termos de performance cognitiva. Dez dias a dormir sete horas deixa-te com o mesmo nível de performance cognitiva que teres feito uma direta (Walker, 2017). A ignorância leva a ações erradas e conclusões erradas, como estudar até tarde antes do dia do teste ou os nossos pais acharem que temos mais dificuldades do que os outros a aprender. As implicações são enormes a nível educacional: dormir pouco e/ou mal leva a menos performance cognitiva, comprometendo o sucesso escolar. O que fazemos para compensar um mau sono? Alguns compensam com mais estudo e mais stress, e neste estado dormem pior ainda (ciclo destrutivo). Outros simplesmente desistem de aprender. Que desperdício. Performance cognitiva pode ser supérflua depois do ensino obrigatório, se quiseres; é possível viveres o resto da tua vida sem pensares muito, com todos os problemas a longo prazo associados. Por outro lado, se planeias continuar a evoluir, pausa este livro e educa-te na área do sono. Volta apenas quando tiveres agido com a informação que retiveste, isto é, quando tiveres mudado alguns hábitos que melhorem o teu sono. Alguns exemplos de boas práticas são: dormir entre sete e nove horas diárias, ter um horário consistente, não usar despertador, evitar café, cigarros, bebidas alcoólicas e demasiada luz à noite como telemóveis e televisões.

"Bebidas alcoólicas? Quando bebo adormeço num instante". Há também algo que nunca ninguém nos ensinou na escola: *só porque não nos lembramos de dormir, não significa que tivemos qualidade de sono.* Pensas "hoje vou ficar por casa; amanhã é um dia importante e tenho de acordar cedo"; optas por uma noite mais leve e convidas uma amiga para jantar em tua casa. Jantam com um vinho a acompanhar, depois fumam um cigarro e um café. Falam mais um pouco e a tua amiga vai à sua vida. Tu vestes o pijama e vais para a cama, vês se há notificações no telemóvel e até há; ficas trinta minutos a trocar mensagens e vais dormir. Na manhã seguinte, acordas com o despertador como habitual. Todas as decisões nesta história, exceto teres convidado a tua amiga para jantar, vão afetar a qualidade do teu sono com efeitos a curto prazo: quando dormimos pouco tendemos a comer mais e não nos sentimos saciados por razões hormonais; sentimos também que temos menos energia (Walker, 2017). Menos horas de sono, pior alimentação, menos energia, menos ações e menos exercício. Vemos assim que, da mesma forma que dormir mal afeta a capacidade de aprendizagem e retenção, afeta também as outras áreas da tua saúde: alimentação e exercício.

Cada um destes efeitos a curto prazo acumula-se ao longo de uma vida, já que dormimos quase todos os dias. A consequência é que o teu corpo fica num *estado constante de alerta*, e por ser constante não é saudável: maior risco de cancro, mais resistência à insulina (diabetes tipo 2), hipertensão, e acidentes vasculares cerebrais são algumas das consequências (Walker, 2017). Os problemas são tantos e tão graves que ironicamente deixam de chocar as pessoas. Quando o teu corpo está em alerta é mais difícil de adormeceres, porque a temperatura do corpo não diminui tão facilmente; é outra espiral negativa. Em contraste, quando dormes profundamente o teu cérebro acalma este estado de alerta (Walker, 2017).

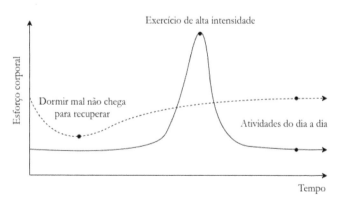

O teu corpo não recupera quando dormes mal, está em

Pobre, o caralho! Experimenta ser rico

esforço constante (tracejado). A pessoa saudável (linha contínua) tem um nível de esforço adequado ao tipo de atividade.

O teu corpo está permanentemente a agir como se estivesses a fugir de um leão, até quando te sentas num sofá! Se te achas mais esperto que os outros porque foste dormir à meia noite e acordaste às cinco da manhã para fazer exercício, analisa de novo os efeitos dessa ação. Se trabalhas por turnos, estão a pagar-te mais para compensar todos os problemas associados ao sono, como maior probabilidade de ter cancro. O que é que vais fazer com esta informação?

7

Qual é o sentido da vida?

> Sem o sentido da vida não há justificação para agir;
>
> O vazio de não ter sentido na vida pode ter efeitos catastróficos a longo prazo.

A descoberta pessoal é um caminho sem fim, um alvo em movimento. Pode definir-se como a aprendizagem de como pensamos e agimos. Porque é que eu reagi assim? Porque é que eu estou a tentar pôr todas estas ideias em prática? Há quem olhe para este desafio como um peso que incomoda, outros veem-no como necessário para viverem realizados. Se encaixas na primeira opção, esta secção é útil para veres o outro lado da moeda, o que atrai alguém para este trabalho permanente de autodescoberta.

Há uma prioridade máxima no processo de autodescoberta, que por vezes chega ao nosso consciente. *Qual o sentido da vida?* Para quê este trabalho todo? São perguntas que surgem quando temos tempo a mais em mãos; noutras alturas temos atividades suficientes para nos preencher a mente. É super fácil não termos que pensar nas respostas: arrumamos o quarto, brincamos com o cão ou vemos um vídeo no YouTube. A pergunta não surgiu no teu consciente por acaso, é uma pergunta legítima à qual o teu cérebro quer responder. Se a vida não tiver sentido, de que vale agir? *Quando não há sentido da vida deixa de haver razão para agir.* É compreensível que não queiras pensar no assunto: pode implicar admitir que nenhuma das tuas ações passadas fez sentido. Podes ter um milhão de euros ou a melhor relação do mundo e sentires que de nada vale; tudo depende da lente com que vês o mundo. *O sentido da vida justifica todas as ações e pensamentos;* sem ele, corres o risco de desvalorizar por completo tudo o que fizeste e conseguiste até hoje. A pergunta não vai desaparecer se a ignorares; vai continuar a surgir quando a vida não estiver a correr como idealizaste, e quando estiveres num estado de espírito mais frágil. Isto gasta recursos mentais e incentiva o preenchimento do teu tempo com atividades supérfluas (entretenimento), para que a pergunta volte a desaparecer. Se achas que podes continuar a pontapear a lata até ao fim da tua vida, estás a agravar o problema: sentires que a tua vida é inútil numa idade avançada é horrível porque já não tens o tempo do teu lado; *é preferível reconheceres esse vazio agora* e pensares numa razão que justifique a tua existência.

Tal como a nossa visão do futuro eu pode mudar com o tempo, o sentido da vida também. A diferença é que se entrares em depressão sem nunca ter apadrinhado um sentido para a tua vida, a negatividade vai ser maior; por vezes, demasiado grande. Se deste um sentido à tua vida ontem e hoje descobriste que é falso, tens cartão verde para te perdoares: estás seguro de que fizeste o melhor que podias quando o formulaste. O sentido da vida é o bode expiatório das tuas ações; sem ele, facilmente ficas sem chão, pois falta uma razão fundamental para as tuas ações. Há muita variabilidade no sentido de vida de cada um, pois cada um tem as suas crenças: se eu acreditar que a minha função neste mundo é seguir as ideologias de deus, esse vai ser o meu sentido da vida. Se eu acreditar que vir ao mundo foi simplesmente uma decisão dos meus pais, e que pode até ter sido com intenções egoístas, então só tenho duas opções: aceitar que vim ao mundo para cumprir os objetivos deles, ou criar o meu próprio sentido da vida. *Seja qual for o teu, precisas de um.* Além de gastar recursos mentais enquanto não for descoberto, pode agravar uma depressão ou pior ainda: tornar todas as tuas ações inúteis. Todas as consequências são de longo prazo.

Por fim, há quem argumente que viver sem sentido também dá sentido à vida. Certifica-te em primeiro lugar que é uma decisão consciente e não uma forma de ignorar a questão, para que te possas desculpar no futuro caso a filosofia se torne inválida. Para o efeito, pensa em como te vais sentir se te aperceberes de que não ter um sentido para a vida foi uma má decisão; sobretudo, pensa nas consequências pode pode acarretar: viver sem sentido implica ignorar o futuro distante, não seguindo um caminho que foi pensado do fim para o início. O livro mostra-te dezenas de consequências que resultam dessa decisão.

Autodescoberta

Autodescoberta dá-te confiança e faz com que não repitas os teus erros;

Escreve os teus pensamentos; o teu cérebro esquece e distorce a informação.

Existe muito mais para desvendar sobre nós próprios do que a razão para viver. Vivemos connosco vinte e quatro horas por dia, mas sem pensamento não vamos compreender o nosso comportamento. Viver sem autodescoberta *é como confiares totalmente em alguém que não conheces* para te levar onde queres ir. Não trabalhares em ti própria faz com que ajas sem um fim em mente. Sabemos que agir com o futuro eu em mente não garante realização, é simplesmente *a melhor das duas alternativas* quando comparado a não pensar (ver secção: porque é que não pensamos a longo prazo?).

A autodescoberta clarifica a maneira como pensas e ages, as ferramentas que usas e as tuas motivações. Por exemplo, podes ser uma pessoa temperamental e pensadora que usa a ferramenta banco emocional para agir, motivada pela curiosidade e a evolução do mundo. Ter uma ideia clara de todos estes pontos é importante porque traz *confiança para agir*. É um exercício exigente para quem nunca o fez, e há livros de autoajuda específicos para o efeito; deixo apenas a opinião de que as respostas devem ser o mais simples possível, condensando o máximo de ti em poucas palavras, para te obrigar a aprofundar a raiz dos pensamentos e ações. Esta é a base sobre a qual decides o que queres ou não manter em ti, assim como características que queres desenvolver, e vai servir para casares o hoje com o futuro. Se és motivada pela curiosidade é provável que beneficies de uma curva de aprendizagem constantemente inclinada (ver secção: pensar a longo prazo em trabalho), enquanto que outras pessoas podem preferir um nível mais elevado de conforto. Só tu sabes e decides o caminho que queres seguir, e a solução que encontrares só precisa de servir a ti.

A autodescoberta deve ser feita periodicamente *para sempre:* hoje pode ser clara a ideia que tens de ti, casando perfeitamente com as tuas ações presentes e desejos futuros; com o tempo vem nova informação, alterando a nossa perspetiva e levando à necessidade de reajustar. Talvez antigamente colocasses muito peso no que os outros diziam sobre ti; hoje nem tanto, e esta mudança reflete-se nas tuas ações. Ao pensares sobre estes comportamentos, desvendas a tua personalidade.

Em primeiro lugar, a autodescoberta dá-te *confiança para agir*, alinhando os teus esforços nas três vertentes: quem és hoje, como ages hoje e como o teu futuro eu quer que vivas hoje. Como? Saber aquilo que gostas e não gostas, assim como a raiz das tuas ações, ajuda-te a escolher um caminho que vai de encontro ao teu futuro eu. Se sabes que és minimalista, ter muito dinheiro para comprar um carro caro é um caminho inútil; um caminho que não acaba com bens materiais é mais provável que te satisfaça, e quando o escolheres vais caminhá-lo com mais confiança. É um sentimento de que *a tua escolha faz sentido hoje e no futuro*, fruto de teres pensado com base na tua personalidade.

Em segundo lugar, a autodescoberta faz com que não cometas os mesmos erros demasiadas vezes. É aqui que entra a importância de escrever os nossos pensamentos: *escrever não é uma opção, é uma obrigação* para quem está no processo de se melhorar, porque ajuda a ter consciência do passado. Eu olho para o que escrevi no passado e vejo que houve uma mudança grande na passagem de ideias a ações, particularmente uma grande falta de ação; *jamais o reconheceria sem o ter escrito.* Ajudou no entendimento das minhas ações hoje, a perceber a sua raiz e se faz sentido continuar a fazê-las. Escrever permite reconhecer os padrões do nosso comportamento: podes estar repetidamente a reagir aos insucessos procurando conforto em entretenimento, ou a questionar periodicamente o sentido da vida sem tentares realmente responder à pergunta. Escrever tem outra vantagem: garante acesso ao teu ponto de vista no momento da experiência; isto é importante porque o teu cérebro facilmente esquece e distorce a informação com o tempo. Muitas das experiências que viveste têm dois sabores: um sabor no momento da vivência, e um sabor diferente quando é recordada: ficar perdido numa caminhada durante horas pode ser stressante e perigoso no momento, e mais tarde uma razão para rir. Dada a distorção temporal, se queres melhorar escreve o que pensas.

Passando à prática: em primeiro lugar, há que observar os fatores que se repetem ao longo de todas as situações. Usando uma relação como exemplo: talvez discutam mais vezes de manhã quando acabas de acordar, ou quando queres falar com ele mas ele já está stressado. De seguida, há que escrever no próprio dia da discussão o que aconteceu e porque é que na tua opinião aconteceu; lembra-te que o tempo distorce a nossa perceção das experiências, portanto *a escrita deve ser feita no mesmo dia do acontecimento.* Depois de recolheres alguma informação, vais conseguir ver os padrões e agir sobre eles, corrigindo os problemas. *Observar, escrever, analisar e corrigir.* O próprio livro que estás a ler é uma fonte de análise pessoal a longo prazo; permitir-me-á saber o que resultou ou não e porquê para reajustar.

Livros recomendados

- Why we Sleep, de Matthew Walker: para pensar a longo prazo no sono;
- Pensar, Depressa e Devagar, de Daniel Kahneman: para percebermos o nosso lado impulsivo que nos impede de pensar a longo prazo. As conclusões são fundamentadas em estudos;
- The Molecule of More de Daniel Z. Lieberman and Michael E. Long: explica a ânsia de querermos sempre mais com uma base científica, ajuda a entender as nossas ações;
- Pense e Fique Rico, de Napoleon Hill: livro de autoajuda, repleto de perguntas para pensares em quem és e o que queres (futuro eu);
- Os 7 Hábitos das Pessoas Altamente Eficazes, de Stephen Covey: livro de autoajuda, diz-te como pensar. Um dos capítulos é extremamente relevante no contexto deste livro: "começar com o fim em mente" ajuda-te a construir o teu futuro eu;
- The Power of Habit, de Charles Duhigg: define o ciclo de um hábito e explica-te como criar e modificar hábitos,

ajudando-te a ajustar o caminho presente de forma a chegares ao teu futuro eu;

- The Brain: The Story of You, de David Eagleman: explica que nós ajustamos a expectativa e a realidade com dopamina - mais dopamina quando a realidade é melhor do que esperado, e vice-versa; o objetivo do cérebro é convergir ambos os mundos, prevendo melhor a realidade;

- The Price of Tomorrow: Why Deflation is the Key to an Abundant Future, de Jeff Booth: ajuda-te a imaginar o futuro das próximas décadas, desde os efeitos da comida impressa à energia gratuita. Reforça a ideia de que nenhum emprego é garantido.

Bibliografia

- Bird, S. R., & Hawley, J. A. (2017, Março 1). *Update on the effects of physical activity on insulin sensitivity in humans* The National Center for Biotechnology Information. Retrieved Julho 6, 2021, from https://www.ncbi.nlm.nih.gov/pmc/articles/PMC556926 6/

- Covey, S. (2012). *The 7 Habits of Highly EffectivePeople.* Simon & Schuster.

- INE - Instituto Nacional de Estatística. (2021, maio 12). *Taxa de variação homóloga do IPC aumenta para 0,6% - Abril de 2021.* Portal do INE. https://www.ine.pt/

- Inflation.eu. (2020). *Inflação harmonizada histórica Portugal – IHPC.* Inflation.eu. Retrieved Julho 2, 2021, from www.inflation.eu

- Kahneman, D. (2012). The fourfold Pattern. In *Think, Fast and Slow* (p. 315). Penguin Books.

- Lieberman, D., & Long, M. (2019). *The Molecule of More: How a Single Chemical in Your Brain Drives Love, Sex, and Creativity—and Will Determine the Fate of the Human Race* BenBella Books, Inc.

- PORDATA. (2021, Abril 6). *Óbitos de residentes em Portugal por algumas causas de morte*. PORDATA - Estatísticas, gráficos e indicadores de Municípios. www.pordata.pt

- SNS. (2019, Setembro 26). *Portugal | Esperança de vida aumenta*. SNS – Portal do SNS. Retrieved Junho 28, 2021, from https://www.sns.gov.pt/noticias/2019/09/26/portugal-esperanca-de-vida-aumenta/

- SNS. (2019, Novembro). *PROGRAMA NACIONAL PARA A PREVENÇÃO E CONTROLO DO TABAGISMO*. www.sns.gov.pt. Retrieved Junho 28, 2021, from https://www.sns.gov.pt/wp-content/uploads/2019/11/Re latorioTabaco2019.pdf.pdf

- Walker, M. (2017). *Why We Sleep*. Scribner.

Printed in Great Britain
by Amazon